CW01508497

LIBRO DE RECETAS DE WAFFLES Y PANQUEQUES CRUJIENTES Y APILADOS

100 DELICIAS DORADAS Y ESPONJOSAS PARA EL DESAYUNO Y MÁS

Jorge Mora

Descargo de responsabilidad

La información contenida en este libro electrónico tiene como objetivo servir como una recopilación completa de estrategias sobre las que el autor de este libro electrónico ha realizado investigaciones. Los resúmenes, estrategias, consejos y trucos son solo recomendaciones del autor, y la lectura de este libro electrónico no garantiza que los resultados que se obtengan reflejen exactamente los resultados del autor. El autor del libro electrónico ha hecho todos los esfuerzos razonables para proporcionar información actual y precisa para los lectores del libro electrónico. El autor y sus asociados no serán responsables de ningún error u omisión involuntarios que puedan encontrarse. El material del libro electrónico puede incluir información de terceros. Los materiales de terceros comprenden opiniones expresadas por sus propietarios. Como tal, el autor del libro electrónico no asume ninguna responsabilidad por el material u opiniones de terceros. Ya sea por el progreso de Internet o por los cambios imprevistos en la política de la empresa y las pautas de presentación editorial, lo que se afirma como un hecho en el momento de escribir este artículo puede quedar obsoleto o ser inaplicable más adelante.

TABLA DE CONTENIDO

INTRODUCCIÓN

Decidir si disfrutar del dulzor de los panqueques o de los waffles en el desayuno puede ser un desafío para muchos.

Por supuesto, como es la comida más importante del día, el desayuno elegido debe aportarte energía para tus actividades diarias.

Los panqueques y los waffles son opciones versátiles que se pueden disfrutar con una variedad de aderezos dulces y salados.

A pesar de las similares formas en que se pueden consumir y los ingredientes que se utilizan para hacerlos, los panqueques y los waffles no son lo mismo.

Los panqueques perfectamente cocidos deben tener un borde crocante y un centro esponjoso. Los waffles, por otro lado, tienen un exterior crocante y un centro masticable.

También son visiblemente diferentes. Los panqueques tienden a ser siempre redondos, mientras que los waffles pueden ser redondos o cuadrados.

Si tienes curiosidad por saber qué hace que los waffles y los panqueques sean diferentes entre sí, ¡este libro es para ti!

WAFFLES

1. Muffles de canela y arándanos

RENDIMIENTO: Aproximadamente 16 muffles

Ingredientes

- 2 tazas de harina para todo uso
- $\frac{1}{4}$ taza de azúcar granulada
- 1 cucharadita de canela molida
- $\frac{1}{2}$ cucharadita de sal
- 2 cucharaditas de polvo para hornear
- 2 tazas de leche a temperatura ambiente
- 8 cucharadas (1 barra) de mantequilla sin sal, derretida
- 2 huevos grandes
- 1 taza de arándanos silvestres congelados
- Spray antiadherente para cocinar

Instrucciones

a) Precaliente la plancha para waffles a fuego medio.

b) En un tazón mediano, combine la harina, el azúcar, la canela, la sal y el polvo para hornear.

c) En un tazón grande, combine la leche, la mantequilla y los huevos y bata hasta que estén bien combinados.

d) Añade los ingredientes secos a la mezcla de leche y bate hasta que se combinen.

e) Incorpore los arándanos y revuelva suavemente para distribuirlos uniformemente.

f) Rocíe ambos lados de la rejilla de la waflera con spray antiadherente y vierta aproximadamente $\frac{1}{4}$ de taza de la mezcla en cada sección de la waflera. Cierre la tapa y cocine durante 4 minutos o hasta que esté apenas dorada.

g) Saque los muffles de la waflera y déjelos enfriar un poco sobre una rejilla. Repita el paso 6 con la masa restante.

h) Servir caliente.

2. Waffle de jamón y queso fundido

RENDIMIENTO: 1 porción

Ingredientes

- 1 cucharada de mantequilla sin sal, a temperatura ambiente
- 2 rebanadas de pan de sándwich
- 2 onzas de queso gruyère, cortado en rodajas
- 3 onzas de jamón Selva Negra, cortado en lonchas
- 1 cucharada de mantequilla de arce

Instrucciones

a) Precaliente la plancha para waffles a temperatura baja.

b) Unte una capa fina y uniforme de mantequilla en un lado de cada rebanada de pan.

c) Apila el queso y el jamón en el lado sin mantequilla de una rebanada de pan y pon el sándwich abierto en la wafflera lo más lejos posible de la bisagra.

d) Coloque la segunda rebanada de pan encima, con el lado untado con mantequilla hacia arriba, y cierre la wafflera.

e) Revisa el sándwich después de 3 minutos. A la mitad del tiempo, es posible que tengas que girarlo 180 grados para asegurar una presión y una cocción uniformes.

f) Si lo deseas, puedes presionar un poco la tapa de la wafflera para compactar el sándwich, pero hazlo con cuidado, ya que la tapa puede estar muy caliente. Retira el sándwich de la wafflera cuando el pan esté dorado y el queso derretido.

g) Unta la mantequilla de arce por fuera del sándwich. Córtalo por la mitad en diagonal y sírvelo.

3. Papas fritas waffle con romero

RENDIMIENTO: Para 2 personas

Ingredientes

- 1 papa rojiza (para hornear), de aproximadamente 10 onzas, pelada y rallada
- $\frac{1}{2}$ cucharadita de romero fresco finamente picado o 1 cucharadita de romero seco
- $\frac{1}{4}$ cucharadita de sal
- $\frac{1}{2}$ cucharadita de pimienta negra recién molida
- 1 cucharadita de mantequilla sin sal, derretida
- Queso rallado, crema agria o ketchup para servir.

Instrucciones

a) Precaliente la plancha para waffles a fuego medio.

b) Exprime la papa rallada con una toalla hasta que esté lo más seca que puedas.

c) En un tazón, combine la papa rallada, el romero, la sal y la pimienta.

d) Con un pincel de silicona, esparce la mantequilla por ambos lados de la wafflera.

e) Apila las papas ralladas en la wafflera (rellénala un poco más) y cierra la tapa.

f) Después de 2 minutos, presione un poco la tapa para comprimir aún más las patatas.

g) Revisa las papas después de 10 minutos. Deben estar empezando a dorarse en algunos lugares.

h) Cuando las patatas estén doradas por completo, 1 o 2 minutos más tarde, retírelas con cuidado de la wafflera.

i) Sirva con queso rallado, crema agria o ketchup.

4. Quesadillas waffled con chile verde

RENDIMIENTO: Rinde 2 quesadillas

Ingredientes

- Spray antiadherente para cocinar
- 4 tortillas de harina
- 1 taza de queso rallado estilo mexicano, como queso Chihuahua o Monterey Jack
- $\frac{1}{4}$ taza de chiles verdes enlatados picados

Instrucciones

a) Precaliente la waflera a temperatura media. Rocíe ambos lados de la rejilla de la waflera con spray antiadherente.

b) Coloca una tortilla sobre la wafflera y, teniendo cuidado porque la wafflera está caliente, esparce la mitad del queso y la mitad de los chiles verdes uniformemente sobre la tortilla, dejando un margen de una pulgada aproximadamente alrededor del borde de la tortilla. Cubre con otra tortilla y cierra la wafflera.

c) Revisa la quesadilla después de 3 minutos. Cuando el queso se derrita y la tortilla tenga marcas doradas de waffle, estará lista. Retira la quesadilla de la wafflera.

5. Sándwich cubano waffle

RENDIMIENTO: Para 2 personas

Ingredientes

- 1 panecillo tipo sándwich crujiente o pan ciabatta individual
- 1 cucharada de mostaza amarilla
- 3 onzas de jamón cocido, cortado en rodajas finas
- 3 onzas de lomo de cerdo cocido, cortado en rodajas finas
- 3 onzas de queso suizo, cortado en rodajas finas
- 2 pepinillos encurtidos, cortados en rodajas finas a lo largo

Instrucciones

a) Precaliente la plancha para waffles a temperatura baja.

b) Divida el pan en dos mitades, ahueque un poco el pan para dejar espacio para la carne y esparza la mostaza sobre ambas rebanadas. Coloque el jamón, el lomo de cerdo, el queso y los pepinillos entre las rebanadas de pan.

c) Presiona el sándwich para compactarlo un poco y colócalo en la waflera, lo más lejos posible de la bisagra.

d) Cierra la tapa de la waflera y cocina durante 5 minutos. A mitad de la cocción, es posible que tengas que girar el sándwich 180 grados para asegurar una presión y una cocción uniformes. Si lo deseas, puedes presionar un poco la tapa de la waflera para compactar el sándwich, pero hazlo con cuidado, ya que la tapa puede estar muy caliente.

e) Saque el sándwich de la waflera cuando el queso esté completamente derretido. Corte el sándwich por la mitad o en diagonal y sirva.

6. Croque Madame con gofres

RENDIMIENTO: Sirve hasta 6 personas

Ingredientes

- 1 pieza de masa de medialuna o masa de brioche
- 1 cucharada de mantequilla sin sal, derretida
- 3 cucharadas de salsa bechamel
- 2 lonchas de jamón Selva Negra
- $\frac{1}{4}$ taza de queso gruyère rallado
- 1 huevo grande

Instrucciones

a) Precaliente la plancha para waffles a fuego medio.

b) Corte la porción de masa por la mitad para formar dos triángulos. Forme los triángulos en cuadrados de 10 a 12 cm de lado y presione los bordes suavemente.

c) Con un cepillo de silicona, cubra ambos lados de una sección de la wafflera con la mantequilla derretida, coloque la masa en esa sección de la wafflera, cierre la tapa y cocine la masa hasta que esté dorada, aproximadamente 3 minutos.

d) Retire la masa de la wafflera y transfiérala a una tabla de cortar o un plato.

e) Vierta la salsa bechamel sobre la masa de waffels (la salsa se acumulará en su mayor parte en los huecos). Luego, coloque el jamón en la parte superior. Espolvoree el queso rallado por encima. Coloque la pila armada en la wafflera y cierre la tapa durante 10 segundos para derretir el queso y unir las capas. Retire la pila de la wafflera.

f) Casca un huevo en una taza pequeña o un ramequín. Esto te dará control sobre cómo cae el huevo en la wafflera. Pincela la mantequilla derretida restante en la rejilla inferior de una sección de la wafflera y vierte el huevo en esa sección. Cocina, sin cerrar la tapa, hasta que la clara se haya asentado, aproximadamente 1 minuto, y continúa cocinando hasta que la yema se haya asentado un poco, 1 o 2 minutos.

g) Para retirar el huevo intacto, use una espátula acodada o un par de espátulas de silicona resistentes al calor para sacarlo de la rejilla de la waflera. Afloje primero los bordes y luego levante el huevo mientras lo sostiene desde abajo tanto como sea posible.

h) Cubra el sándwich con el huevo y sirva caliente.

7. Hamburguesa clásica de waffle con queso

RENDIMIENTO: 4 porciones

Ingredientes

- Spray antiadherente para cocinar
- 1 libra de carne molida
- $\frac{1}{2}$ cucharadita de sal
- 1 cucharadita de pimienta negra recién molida
- 4 rebanadas de queso americano, cheddar o gruyère (opcional)
- 4 panecillos para hamburguesas comprados en la tienda o hechos en casa
- Ketchup, mostaza, lechuga, tomate y pepinillos para servir.

Instrucciones

a) Precaliente la waflera a temperatura media. Rocíe ambos lados de la rejilla de la waflera con spray antiadherente.

b) Sazona la carne con sal y pimienta y forma 4 hamburguesas, cada una de ellas con la forma aproximada de los panecillos.

c) Coloque tantas hamburguesas como quepan en la wafflera, cierre la tapa y cocine hasta que la carne alcance una temperatura interna de 160 °F en un termómetro de lectura instantánea, 3 minutos.

d) Cuando las hamburguesas estén cocidas, sácalas de la wafflera. Si quieres una hamburguesa con queso, deja una hamburguesa en la wafflera, cúbrela con el queso y cierra la tapa para que se cocine muy brevemente, unos 5 segundos.

e) Repita los pasos 3 y 4 con las hamburguesas restantes.

f) Sirva en un panecillo con ketchup, mostaza, lechuga, tomate y pepinillos.

8. Hongos Portobello Wafflados

RENDIMIENTO: 1 porción

Ingredientes

- $\frac{1}{4}$ taza de aceite de oliva extra virgen
- $\frac{1}{4}$ de taza de aceite de sabor neutro, como el de canola
- 1 cucharada de hierbas italianas (o 1 cucharadita de romero seco, albahaca seca y orégano seco)
- $\frac{1}{4}$ cucharadita de sal
- $\frac{1}{4}$ de cucharadita de pimienta negra recién molida
- 2 hongos portobello, tallos cortados y descartados

Instrucciones

1. En un recipiente hondo o poco profundo, combine los aceites, las hierbas, la sal y la pimienta. Revuelva para distribuir las hierbas de manera uniforme.
2. Para preparar los hongos, saque las láminas con una cuchara y limpie la tapa del hongo con una toalla de papel húmeda para eliminar la suciedad.
3. Coloque las tapas de los hongos en la mezcla de aceite y déjelas marinar durante al menos 30 minutos, dándoles la vuelta aproximadamente a la mitad del tiempo.
4. Precaliente la plancha para waffles a fuego medio.
5. Coloque los hongos, con la tapa hacia arriba, en la wafflera y cierre la tapa.
6. Revisa los champiñones después de 5 minutos. Los sombreros deben estar suaves y bien cocidos. Retira los champiñones de la plancha para waffels y sírvelos.

9. Filete Mignon Wafflado

RENDIMIENTO: Para 2 personas

Ingredientes

- 2 cucharaditas de sal marina gruesa o sal kosher
- 2 cucharaditas de pimienta negra recién molida
- 8 onzas de filet mignon, de aproximadamente $1\frac{1}{2}$ pulgada de grosor
- Spray antiadherente para cocinar

Instrucciones

a) Precaliente la plancha para waffles a temperatura alta.

b) Vierta la sal y la pimienta en un plato, mezcle para distribuir uniformemente y cubra el filete con la mezcla por ambos lados.

c) Rocíe ambos lados de la rejilla de la wafflera con spray antiadherente. Coloque el filete sobre la wafflera lo más lejos posible de la bisagra (esto permite que la tapa presione la carne de manera más uniforme). Cierre la tapa y cocine durante 8 minutos.

d) Si tiene un termómetro de lectura instantánea, controle la temperatura del filete después de 8 minutos. Para un filete cocinado a término medio, la temperatura debe ser de 140 °F (una temperatura de 130 °F le dará un filete a punto medio; 155 °F es bien cocido).

e) Saque el filete y colóquelo sobre una tabla de cortar. Deje la waflera encendida, en caso de que necesite cocinar el filete un poco más.

f) Deje reposar el filete durante varios minutos antes de cortarlo por la mitad y comprobar si está listo. Si está a su gusto, apague la waflera y sirva.

g) Si lo prefiere menos hecho, vuelva a colocarlo en la wafflera y verifique después de otro minuto. Deje reposar el filete una vez más antes de servir.

10. Tostadas francesas rellenas de chocolate

RENDIMIENTO: Para 2 personas

Ingredientes

- 2 huevos grandes
- $\frac{1}{2}$ taza de leche
- $\frac{1}{4}$ de cucharadita de extracto puro de vainilla
- Pizca de sal
- 4 rebanadas de pan
- Spray antiadherente para cocinar
- $\frac{1}{2}$ taza de chispas de chocolate
- 1 cucharada de mantequilla batida
- Azúcar en polvo, al gusto

Instrucciones

a) Precaliente la waflera a temperatura alta. Precaliente el horno a temperatura mínima.

b) En un molde para pastel o plato hondo, bata los huevos, la leche, la vainilla y la sal.

c) Coloque 2 rebanadas de pan en la mezcla de huevo y remójelas hasta que absorban parte del líquido, durante 30 segundos.

Dé vuelta las rebanadas y remójelas durante otros 30 segundos.

d) Cubre ambos lados de la rejilla de la wafflera con spray antiadherente. Coloca una rebanada de pan remojado sobre la wafflera y coloca un poco menos de la mitad de las chispas de chocolate sobre la rebanada. Cubre con la segunda rebanada de pan remojado, cierra la wafflera y cocina hasta que el pan esté dorado y el chocolate se derrita, de 3 a 4 minutos. No debe quedar ningún rastro de la mezcla de huevo sin cocinar.

e) Saque las tostadas francesas de la waflera y repita los pasos 3 y 4 para preparar la segunda tanda. Coloque las tostadas francesas terminadas en el horno para mantenerlas calientes.

f) Corta la tostada francesa en cuartos. Abre el "bolsillo" de cada cuarto y coloca las chispas de chocolate restantes en la abertura. El calor residual derretirá el chocolate.

g) Cubra cada porción con la mantequilla batida y espolvoree con el azúcar en polvo antes de servir.

11. Espaguetis y albóndigas waffled

RENDIMIENTO: 4 porciones

Ingredientes

Salsa marinara y pasta:

- 4 dientes de ajo sin pelar
- 2 cucharadas de aceite de oliva virgen extra, más para servir
- 2 latas (28 onzas cada una) de tomates ciruela enteros
- $\frac{1}{4}$ de cucharadita de hojuelas de pimiento rojo
- Sal y pimienta negra recién molida, al gusto.
- 12 onzas de espaguetis

Albóndigas waffled:

- 1 libra de carne molida magra o pavo
- 10 onzas de espinaca picada congelada, descongelada y exprimida hasta secarla
- 1 huevo grande, ligeramente batido
- $\frac{1}{4}$ taza de pan rallado normal
- $\frac{1}{4}$ taza de cebolla finamente picada
- $\frac{1}{4}$ de taza de queso parmesano rallado, y un poco más para servir
- 2 dientes de ajo picados
- $\frac{1}{2}$ cucharadita de sal
- Spray antiadherente para cocinar

Instrucciones

a) Prepare la salsa marinara: corte cada diente de ajo por la mitad y aplástelo con la parte plana de la hoja de un cuchillo, presionando con la palma de la mano para aplastar el ajo. Retire la cáscara del ajo (debería desprenderse fácilmente).

b) Coloque las 2 cucharadas de aceite de oliva y los dientes de ajo machacados en una cacerola grande a fuego medio-bajo. Cocine hasta que el ajo desprenda aroma y comience a dorarse, aproximadamente 3 minutos.

c) Mientras se cocina el ajo, escurre parcialmente los tomates vertiendo solo el líquido de la parte superior de la lata. Usa un tenedor o unas tijeras de cocina para cortar los tomates en trozos grandes y desiguales dentro de la lata.

d) Añade los tomates y las hojuelas de pimiento rojo a la cacerola, teniendo cuidado de no salpicar cuando los tomates entren en contacto con el aceite caliente.

e) Cocine a fuego medio hasta que la salsa comience a burbujear, aproximadamente 5 minutos. Cocine a fuego medio bajo, revolviendo ocasionalmente, hasta que los tomates se deshagan, 45 minutos. Debe quedar una salsa espesa y algo grumosa.

Pruebe y ajuste la sazón agregando sal y pimienta.

f) Prepare la pasta: Ponga a hervir una olla grande con agua a fuego alto.

g) Precaliente la waflera a temperatura media. Precaliente el horno a temperatura mínima.

h) Mientras la salsa hierve a fuego lento y el agua de la pasta comienza a hervir, prepare las albóndigas: en un tazón grande, combine todos los ingredientes para las albóndigas, excepto el aceite en aerosol, y mezcle bien.

i) Forme la mezcla en 16 bolas y colóquelas sobre una tabla de cortar cubierta con papel encerado o pergamino.

j) Añade los espaguetis al agua hirviendo y cocínalos según las instrucciones del paquete. Escúrrelos y mantenlos calientes.

k) Rocíe ambos lados de la rejilla de la wafflera con spray antiadherente. Coloque tantas albóndigas como quepan en la wafflera, dejando un poco de espacio para que cada una se expanda al aplanarse.

l) Cierra la tapa y cocina hasta que las albóndigas estén doradas por fuera y bien cocidas, durante 6 minutos. Es posible que tengas que cortarlas en rodajas para asegurarte de que no queden rastros rosados. Si tienes un termómetro de lectura instantánea, la carne de res debe estar al menos a 160 °F y el pavo a 165 °F.

m) Saque las albóndigas de la wafflera. Repita los pasos 11 y 12 para cocinar las albóndigas restantes. Si los demás componentes aún no están listos, mantenga las albóndigas calientes en el horno precalentado.

n) Sirva una porción generosa de pasta con 4 albóndigas waffled, aderezadas con un poco de salsa. Rocíe con aceite de oliva virgen extra y espolvoree con parmesano. Sirva la salsa adicional en la mesa.

12.   Macarrones con queso waffel

RENDIMIENTO: 8 porciones

Ingredientes

- Macarrones con queso preparados
- 2 huevos grandes
- Pizca de sal y pimienta negra recién molida.
- 1 taza de harina para todo uso
- 1 taza de pan rallado sazonado
- $\frac{1}{4}$ de taza de queso duro rallado, como parmesano o pecorino romano
- Spray antiadherente para cocinar

Instrucciones

a) Corte los macarrones con queso en rodajas de aproximadamente $\frac{1}{2}$ pulgada de grosor.

b) Precaliente la waflera a temperatura media. Precaliente el horno a temperatura mínima.

c) En un tazón pequeño, bata el huevo con una pizca de sal y otra de pimienta.

d) Colocar tres tazones poco profundos. Medir la harina en el primero. En el segundo, colocar los huevos batidos.

Mezclar el pan rallado con el queso en el tercero.

e) Tome una rebanada de macarrones con queso y, manipulándola con cuidado, cubra ambos lados con la harina. Luego, sumerja ambos lados en el huevo. Finalmente, cubra ambos lados con el pan rallado, presionando la mezcla para que se adhiera. Deje la rebanada a un lado y repita con las rebanadas restantes.

f) Rocíe ambos lados de la rejilla de la wafflera con spray antiadherente. Coloque las rebanadas de macarrones con queso en la wafflera, cierre la tapa y cocine hasta que estén bien calientes y doradas, durante 3 minutos.

g) El proceso de extracción puede ser complicado. Con una espátula de silicona, afloje los bordes de los macarrones con queso. Utilice la espátula para sacar con cuidado los macarrones con queso de la wafflera y luego sostenga la parte inferior con la espátula mientras los saca con pinzas.

h) Repita los pasos 5 a 7 hasta que todos los macarrones con queso estén listos. Mantenga los macarrones con queso listos calientes en el horno.

13. Wavioli de queso tostado

RENDIMIENTO: Para 2 personas

Ingredientes

- $\frac{1}{2}$ taza de leche
- 1 huevo grande
- 1 cucharada de aceite de oliva virgen extra
- 1 taza de pan rallado sazonado
- $\frac{1}{2}$ cucharadita de sal
- $\frac{1}{2}$ cucharadita de ajo en polvo
- $\frac{1}{2}$ libra de ravioles de queso, refrigerados
- Spray antiadherente para cocinar
- 1 taza de salsa marinara

Instrucciones

a) Precaliente la waflera a temperatura media. Cubra una bandeja para hornear con papel encerado o papel pergamino y déjela a un lado. Precaliente el horno a temperatura mínima.

b) En un tazón pequeño, bata la leche, el huevo y el aceite de oliva.

c) En otro tazón pequeño, combine el pan rallado, la sal y el ajo en polvo.

d) Sumerja primero los ravioles en la mezcla de leche, cubriéndolos por ambos lados, luego sumérjalos en la mezcla de pan rallado, presionando la mezcla para que se adhiera. Coloque los ravioles cubiertos en la bandeja para hornear preparada.

e) Rocíe ambos lados de la rejilla de la plancha para waffels con spray antiadherente. Caliente la salsa marinara en una cacerola pequeña a fuego medio o en el microondas durante 1 minuto.

f) Coloque tantos ravioles como quepan en la waflera, cierre la tapa y cocine durante 2 minutos o hasta que estén crujientes y tostados.

g) Saque los ravioles de la wafflera y repita el paso 6 con los ravioles restantes. Mantenga los ravioles terminados calientes en el horno.

h) Sirva con la salsa marinara para mojar.

14. Ñoquis de batata waffled

Rinde aproximadamente 60 ñoquis

Ingredientes

- 1 papa grande para hornear (como la papa rojiza) y 1 batata grande (aproximadamente $1\frac{1}{2}$ libras en total)
- $1\frac{1}{4}$ tazas de harina para todo uso, más un poco más para enharinar la superficie de trabajo
- $\frac{1}{2}$ taza de queso parmesano rallado
- 1 cucharadita de sal
- $\frac{1}{2}$ cucharadita de pimienta negra recién molida
- Una pizca de nuez moscada rallada (opcional)
- 1 huevo grande batido
- Aceite en aerosol antiadherente o mantequilla derretida
- Pesto o salsa de mantequilla y salvia con gofres

Instrucciones

a) Precaliente el horno a 350°F.

b) Hornee las papas hasta que se puedan perforar fácilmente con un tenedor, aproximadamente durante una hora. Deje que las papas se enfríen un poco y luego pélelas.

c) Pase las patatas por un molino de alimentos o un pasapurés o rallelas con los agujeros grandes de un rallador de caja y colóquelas en un tazón grande.

d) Añade $1\frac{1}{4}$ tazas de harina a las papas y mézclalas con las manos, deshaciendo los grumos que queden en el proceso. Espolvorea el queso, la sal, la pimienta y la nuez moscada sobre la masa y amasa suavemente para distribuirla de manera uniforme.

e) Una vez que la harina y las papas estén mezcladas, haga un hueco en el centro del bol y agregue el huevo batido. Con los dedos, incorpore el huevo a la masa hasta que comience a unirse. Quedará un poco pegajosa.

f) Sobre una superficie ligeramente enharinada, amasa suavemente la masa unas cuantas veces para unirla. Debe estar húmeda, pero no mojada ni pegajosa. Si está demasiado pegajosa, agrega 1 cucharada de harina a la vez, hasta $\frac{1}{4}$ de taza. Enrolla la masa en un rollo y córtala en 4 pedazos.

g) Enrolle cada trozo hasta formar una cuerda del diámetro de su pulgar y luego utilice un cuchillo afilado para cortar en segmentos de 1 pulgada.

h) Precaliente la wafflera a temperatura media. Rocíe ambos lados de la rejilla de la wafflera con spray antiadherente o enmanteque las rejillas con una brocha de silicona para repostería. Baje la temperatura del horno a la temperatura más baja y reserve una bandeja para hornear para mantener calientes los ñoquis terminados.

i) Sacuda suavemente la harina restante de los ñoquis y coloque un lote en la plancha para waffles, dejando un poco de espacio para que cada uno se expanda.

j) Cierre la tapa y cocine hasta que las marcas de la rejilla de los ñoquis estén doradas, 2 minutos. Repita con los ñoquis restantes, manteniendo los ñoquis cocidos calientes en la bandeja para hornear dentro del horno.

k) Sirva caliente con salsa de pesto o salsa de mantequilla y salvia para gofres.

15. Pierogi de papa prensada y queso

RENDIMIENTO: 4 porciones

Ingredientes

Masa:

- 2¼ tazas de harina para todo uso, más un poco más para espolvorear la superficie de trabajo según sea necesario
- ½ cucharadita de sal
- 2 huevos grandes
- ⅓ taza de agua, o más según sea necesario

Relleno:

- 1 libra de papas rojizas (para hornear), peladas y cortadas en cubos de 1 pulgada
- ½ taza de queso cheddar rallado
- 2 cucharadas de mantequilla sin sal
- 1 cucharadita de sal
- 1 cucharadita de pimienta negra recién molida
- Spray antiadherente para cocinar

Instrucciones

a) Prepare la masa: en un tazón grande, combine las $2\frac{1}{4}$ tazas de harina y la sal.

b) En un bol pequeño, bate los huevos y $\frac{1}{3}$ de taza de agua. Añade los huevos a la mezcla de harina y mezcla la masa con una cuchara de madera o con las manos hasta que se pueda formar una bola.

c) Envuelva la bola de masa en film transparente y póngala en el refrigerador durante 30 minutos.

d) Mientras tanto, prepara el relleno: coloca las papas en una olla mediana, cúbrelas con agua fría y ponlas a hervir, tapadas, a fuego medio-alto. Una vez que el agua esté hirviendo, retira la tapa y cocina las papas a fuego lento hasta que estén blandas y se puedan perforar fácilmente con un cuchillo, aproximadamente 10 minutos. Escurre las papas en un colador.

e) Pasa las patatas a un bol grande y tritúralas junto con el queso rallado, la mantequilla, la sal y la pimienta. Deja que la mezcla se enfríe a temperatura ambiente.

f) Espolvorea generosamente una superficie de trabajo con harina y forma la masa fría en un rollo de aproximadamente 24 pulgadas de largo.

g) Corta la masa en 24 porciones iguales y forma una bola con cada porción de masa.

h) Aplana una bola de masa con la mano. Con un rodillo, estira la masa hasta formar un círculo irregular y hazla lo más fina posible, pero que sea fácil de manipular. Coloca una cucharadita colmada del relleno en el centro, dejando un borde de no más de ½ pulgada. Dobla los pierogi por la mitad y riza los bordes con un tenedor.

i) Coloque los pierogi terminados sobre una superficie enharinada, cúbralos con film transparente o con un paño limpio que no suelte pelusa y repita con el resto de la masa y el relleno.

j) Precaliente la waflera a temperatura media. Precaliente el horno a temperatura mínima.

k) Cubre ambos lados de la rejilla de la wafflera con spray antiadherente, coloca tantos pierogi como quepan en la wafflera y cierra la tapa.

l)   1. Hornee hasta que la masa esté cocida y los pierogi adquieran un color dorado claro, durante 3 minutos. Retire los pierogi cocidos.

16. Falafel y hummus con gofres

RENDIMIENTO: 4 porciones

Ingredientes

- 1 taza de garbanzos secos, seleccionados y remojados en agua durante la noche en el refrigerador.
- $\frac{1}{2}$ cebolla pequeña, picada gruesa
- 3 dientes de ajo
- $\frac{1}{4}$ de taza de perejil de hoja plana fresco picado
- 2 cucharadas de aceite de oliva virgen extra
- 2 cucharadas de harina para todo uso
- 1 cucharadita de sal
- 1 cucharadita de comino molido
- $\frac{1}{2}$ cucharadita de cilantro molido
- $\frac{1}{4}$ de cucharadita de polvo para hornear
- $\frac{1}{4}$ de cucharadita de pimienta negra recién molida
- $\frac{1}{4}$ de cucharadita de pimienta de cayena
- Spray antiadherente para cocinar
- Hummus perfectamente suave
- Pan pita de 4 bolsillos

Instrucciones

a) Precaliente la waflera a temperatura media. Precaliente el horno a temperatura mínima.

b) Escurre los garbanzos remojados y colócalos junto con la cebolla y el ajo en un procesador de alimentos. Tritura hasta que se mezclen, pero no se conviertan en puré.

c) Agregue el perejil, el aceite de oliva, la harina, la sal, el comino, el cilantro, el polvo para hornear, la pimienta negra y la pimienta de cayena y presione hasta que quede casi suave.

d) Rocíe ambos lados de la rejilla de la waflera con spray antiadherente. Para cada waffle, coloque aproximadamente $\frac{1}{4}$ de taza de masa en la waflera, dejando un poco de espacio entre las porciones para que cada una se expanda.

e) Cierre la tapa de la waflera y cocine durante 5 minutos antes de revisar. Retire los waffles cuando estén bien cocidos y dorados de manera uniforme.

f) Repita los pasos 4 y 5 con la masa restante.

g) Mantén calientes los fawaffles terminados en el horno. Sírvelos con hummus y pan pita.

17. Ensalada Niçoise de atún con gofres

RENDIMIENTO: Para 2 personas

Ingredientes

- 2 huevos grandes
- $\frac{1}{2}$ taza de judías verdes, con las puntas cortadas
- 4 patatas nuevas cortadas por la mitad
- Sal
- Spray antiadherente para cocinar
- 1 filete de atún fresco (aproximadamente 8 onzas)
- 3 tazas de hojas verdes para ensalada lavadas
- $\frac{1}{4}$ de taza de aceitunas negras sin hueso o enteras en rodajas, como las de Niçoise o Kalamata
- $\frac{1}{2}$ taza de tomates cherry o uva enteros o cortados por la mitad
- Pimienta negra recién molida, al gusto
- Aderezo de vinagreta de Dijon

Instrucciones

a) Cocine los huevos: coloque los huevos en una cacerola pequeña y llénela hasta dos tercios con agua. Lleve el agua a ebullición a fuego medio-alto, luego apague el fuego, retire la cacerola del fuego y tápela. Deje reposar durante 10 minutos. Pase los huevos por agua fría durante un minuto para enfriarlos y reserve.

b) Blanquear las judías verdes: Pon a hervir una cacerola pequeña con agua salada y sumerge las judías verdes en ella durante 30 segundos. Retíralas y colócalas en un baño de agua con hielo para detener la cocción. Retira las judías verdes del agua helada después de 1 minuto y reserva.

c) Hervir las patatas: colocar las patatas en una cacerola pequeña y cubrirlas con al menos una pulgada de agua. Añadir una pizca generosa de sal al agua y llevar a ebullición a fuego medio-alto. Una vez que el agua hierva, reducir el fuego a mínimo y dejar que las patatas hiervan a fuego lento durante 10 minutos. Estarán listas cuando se puedan perforar con un cuchillo. Retirar las patatas, escurrirlas en un colador y dejar enfriar.

d) Precaliente la waflera a temperatura alta. Rocíe ambos lados de la rejilla de la waflera con spray antiadherente.

e) Coloque el filete de atún sobre la plancha para waffels lo más lejos posible de la bisagra. (Esto permite que la tapa presione el atún de manera más uniforme). Cierre la tapa.

f) Mientras se cocina el atún, coloque una base de hojas verdes en un plato grande para servir. Pele los huevos, córtelos en rodajas o cuartos y colóquelos sobre la lechuga. Distribuya uniformemente las judías verdes, las patatas, las aceitunas y los tomates sobre las hojas verdes.

g) Revisa el atún. Después de 6 minutos, un filete de $\frac{3}{4}$ de pulgada de grosor debería estar bien cocido. No debería quedar rosado en el exterior. Puedes cortar el atún por la mitad para ver si queda algo de rosado en el centro. Un matiz rosado puede estar bien, aunque es posible que prefieras el atún más cocido. (El USDA recomienda que alcance los 145 °F en un termómetro de lectura instantánea; a mí me gusta que el mío esté alrededor de los 125 °F).

h) Saque el atún de la wafflera y córtelo en rodajas de aproximadamente $\frac{1}{2}$ pulgada de grosor. Coloque las rodajas sobre la ensalada, con las marcas de la wafflera hacia arriba.

i) Espolvorear la ensalada con sal y pimienta. Condimentar con moderación. Servir el resto del aderezo en la mesa.

18.   Tortitas de cangrejo

entrecruzadas

RENDIMIENTO: Rinde 4 pasteles de cangrejo

Ingredientes

- 1 huevo grande batido con una pizca de sal
- Pizca de pimienta de cayena o curry en polvo
- $\frac{1}{2}$ cucharadita de pimienta negra recién molida o pimienta de limón
- $1\frac{1}{2}$ tazas de cangrejo en trozos (aproximadamente 10 onzas)
- $\frac{1}{2}$ taza de pan rallado normal
- $\frac{1}{4}$ de taza de pimiento verde finamente picado
- 1 cucharada de chalota picada
- Spray antiadherente para cocinar
- 1 limón cortado en rodajas para decorar
- $\frac{1}{4}$ de taza de mayonesa Sriracha , para servir

Instrucciones

a) Precaliente la waflera a temperatura alta. Precaliente el horno a temperatura mínima.

b) En un bol pequeño, mezcle el huevo, la pimienta de cayena y la pimienta negra. Reserve.

c) En un recipiente mediano, combine suavemente el cangrejo, el pan rallado, el pimiento morrón y la chalota picada. Agregue la mezcla de huevo, revolviendo suavemente para incorporarla de manera uniforme a los ingredientes secos.

d) Rocíe ambos lados de la rejilla de la waflera con spray antiadherente. Con una taza medidora, saque $\frac{1}{2}$ taza de la mezcla y colóquela en la waflera.

e) Cierre la tapa y cocine hasta que las migas de pan estén doradas y no quede líquido, aproximadamente 3 minutos.

f) Retire el pastel de cangrejo de la wafflera, rocíelo con una rodaja de limón y use las rodajas adicionales como guarnición.

g) Repita los pasos 4 y 5 para hacer las 3 croquetas de cangrejo restantes. Mantenga las croquetas de cangrejo terminadas calientes en el horno.

h) Coloque una cucharada de mayonesa Sriracha sobre cada pastel de cangrejo y sirva.

19. Cangrejo de caparazón blando waffled

RENDIMIENTO: Para 2 personas

Ingredientes

- ½ taza de harina para todo uso
- 1 cucharadita de mezcla de condimentos para mariscos, como Old Bay
- 2 cangrejos de caparazón blando, limpios ("aderezados")
- 2 cucharadas de mantequilla sin sal, derretida

Instrucciones

a) Precaliente la plancha para waffles a temperatura alta.

b) En un recipiente poco profundo o un plato hondo, como un molde para pastel, combine la harina y la mezcla de condimentos.

c) Seque el cangrejo con toallas de papel. Páselo por la harina, sacuda el exceso de harina sobre el plato y déjelo a un lado sobre una tabla de cortar.

d) Con un cepillo de silicona, cubra ambos lados de la rejilla de la wafflera con la mantequilla derretida.

e) Coloque el cangrejo rebozado sobre la plancha para waffels, cierre la tapa y

cocine durante 3 minutos. El rebozado
debe adquirir un color marrón dorado.

20. Pastel de tamal con gofres

RENDIMIENTO: 4 porciones

Ingredientes

Cubierta:

- 1 cucharada de aceite de oliva virgen extra
- 1 cebolla grande, finamente picada
- 1 libra de carne molida de pavo o res
- 1 chile jalapeño picado (quitar las semillas para que pique menos)
- 1 cucharadita de comino molido
- 1 lata (15 onzas) de tomates triturados
- Sal y pimienta negra recién molida, al gusto.

Corteza:

- $1\frac{1}{2}$ tazas de masa harina
- 1 cucharadita de sal
- 1 cucharadita de polvo para hornear
- $\frac{1}{4}$ de cucharadita de pimienta negra recién molida
- 1 taza de leche
- 4 cucharadas ($\frac{1}{2}$ barra) de mantequilla sin sal, derretida
- 1 huevo grande batido
- Spray antiadherente para cocinar
- 1 taza de queso cheddar fuerte rallado

Instrucciones

a) Prepare la cobertura: coloque el aceite de oliva en una sartén grande y agregue la cebolla. Saltee a fuego medio hasta que la cebolla comience a dorarse, aproximadamente 5 minutos. Retire la cebolla y déjela a un lado en un plato.

b) Desmenuza la carne en la misma sartén y dórela hasta que no queden rastros rosados, aproximadamente 5 minutos. Escurre el exceso de grasa y agrega la cebolla salteada, el jalapeño, el comino y los tomates a la sartén hasta que estén bien calientes, aproximadamente 1 minuto. Prueba y agrega sal y pimienta. Deja que la mezcla hierva a fuego lento mientras preparas la corteza.

c) Precaliente la plancha para waffles a fuego medio.

d) Prepare la masa: en un bol grande, combine la harina de trigo, la sal, el polvo para hornear y la pimienta negra. En un bol mediano, bata la leche y la mantequilla derretida hasta que se combinen, luego agregue el huevo.

e) Añade los ingredientes húmedos a los secos y revuelve hasta que se integren. La masa quedará muy espesa.

f) Rocíe ambos lados de la rejilla de la wafflera con spray antiadherente. Divida la masa en 4 porciones iguales, de aproximadamente $\frac{1}{2}$ taza cada una. Tome una porción de la masa y aplástela hasta formar un disco del tamaño de una sección de la wafflera. Repita el procedimiento con las 3 porciones restantes de masa.

g) Coloque los discos sobre la waflera, cubriendo completamente la rejilla. Cierre la tapa y cocine hasta que estén casi listos, pero no del todo dorados, aproximadamente 3 minutos.

h) Abra la wafflera, coloque con una cuchara una capa uniforme de la cobertura de aproximadamente $\frac{1}{2}$ pulgada de espesor sobre la masa y cierre la wafflera durante 1 minuto. Abra la wafflera una vez más, cubra con el queso y cierre la wafflera durante 20 segundos para derretir el queso. Retire los tamales de la wafflera y sirva.

21. Migas mexicanas waffled

RENDIMIENTO: Para 2 personas

Ingredientes

- 4 huevos grandes
- 1 tomate pequeño, cortado en cubitos (aproximadamente $\frac{1}{2}$ taza)
- $\frac{1}{2}$ taza de cebolla picada
- $\frac{1}{2}$ taza de queso cheddar o monterey jack rallado
- 1 chile jalapeño pequeño, sin semillas y picado
- 2 tortillas de maíz suaves, cortadas o desmenuzadas en trozos de aproximadamente $\frac{1}{2}$ pulgada
- $\frac{1}{4}$ cucharadita de sal
- $\frac{1}{4}$ de cucharadita de pimienta negra recién molida
- Spray antiadherente para cocinar

Instrucciones

a) Precaliente la plancha para waffles a fuego medio.

b) En un recipiente mediano, bate los huevos. Agrega el resto de los ingredientes, excepto el aceite en aerosol, y revuelve enérgicamente para mezclar.

c) Rocíe ambos lados de la rejilla de la wafflera con spray antiadherente. Vierta un poco de la mezcla en cada sección de la wafflera. Algunos ingredientes pueden depositarse en el fondo del recipiente, así que asegúrese de llegar hasta el fondo del recipiente para mezclar bien.

d) Cierre la tapa y cocine hasta que los huevos ya no estén líquidos, 2 minutos.

e) Retire las migas de la wafflera con una espátula desplazada o un par de espátulas de silicona resistentes al calor y sirva.

22. Wontons de camarones waffled

RENDIMIENTO: Rinde 16 wontons

Ingredientes

- 8 onzas de camarones cocidos y refrigerados (31 a 40 o 41 a 50), pelados y sin cola
- 1 clara de huevo grande, ligeramente batida
- $\frac{1}{4}$ de taza de cebolleta finamente picada, tanto la parte verde como la blanca
- 1 diente de ajo picado
- 2 cucharaditas de azúcar moreno claro
- 2 cucharaditas de vinagre blanco destilado
- $\frac{1}{2}$ cucharadita de jengibre fresco rallado o picado
- $\frac{3}{4}$ cucharadita de sal
- $\frac{1}{2}$ cucharadita de pimienta negra recién molida
- 1 paquete de envoltorios de wonton (al menos 32 envoltorios), de aproximadamente $3\frac{1}{2}$ pulgadas por lado
- Spray antiadherente para cocinar
- Salsa para mojar de jengibre y sésamo

Instrucciones

a) Picar los camarones en trozos pequeños hasta que queden casi como una pasta. Si quieres usar un procesador de alimentos, bastará con media docena de pulsaciones rápidas para lograrlo. Colocar los camarones picados en un recipiente mediano.

b) Agregue la clara de huevo, la cebolleta, el ajo, el azúcar, el vinagre, el jengibre, la sal y la pimienta a los camarones, revuelva para mezclar bien y reserve.

c) Precaliente la waflera a temperatura alta. Precaliente el horno a temperatura mínima.

d) Para formar los dumplings, saca un envoltorio de wonton del paquete. Con un pincel de repostería o un dedo limpio, humedece los 4 bordes del envoltorio. Coloca una cucharada escasa de la mezcla de camarones en el centro y cubre con otro envoltorio de wonton. Presiona a lo largo de los bordes para sellar. Reserva el wonton terminado, cúbrelo con una toalla húmeda y dale forma al resto.

e) Rocíe ambos lados de la rejilla de la wafflera con spray antiadherente. Coloque tantos wontons como quepan cómodamente en la wafflera y cierre la tapa. Cocine durante 2 minutos antes de verificar. La envoltura de wonton debe perder su translucidez y las marcas de los waffles deben ser de un color marrón dorado intenso.

f) Sirve los wontons con la salsa de jengibre y sésamo.

23. Arancini con gofres y queso

RENDIMIENTO: Rinde 8 arancini; 4 porciones

Ingredientes

- 2 tazas de arroz blanco de grano corto cocido, como Arborio, preparado según las instrucciones del paquete y enfriado
- $\frac{1}{2}$ taza de queso parmesano rallado
- $\frac{1}{4}$ cucharadita de sal
- $\frac{1}{4}$ de cucharadita de pimienta negra recién molida
- 3 huevos grandes
- 2 onzas de mozzarella fresca, cortada en 8 trozos
- 1 taza de pan rallado sazonado
- Spray antiadherente para cocinar

Instrucciones

a) Precaliente la waflera a temperatura media. Precaliente el horno a temperatura mínima.

b) En un tazón mediano, combine el arroz, el parmesano, la sal, la pimienta y 1 de los huevos y revuelva para mezclar bien.

c) Con las manos mojadas, forme cada bola de arroz tomando una pequeña porción de la mezcla, apretándola firmemente hasta formar una bola y rellenándola con un trozo de mozzarella. El queso debe quedar completamente envuelto en el arroz. Repita este proceso para formar 8 bolas de arancini y déjelas a un lado.

d) Batir los 2 huevos restantes en un bol pequeño. Colocar el pan rallado en un bol poco profundo o un plato hondo, como un molde para tarta. Sumergir cada uno de los arancini en la mezcla de huevo y luego en el pan rallado, sacudiendo el exceso. Manipule los arancini con delicadeza.

e) Rocíe ambos lados de la rejilla de la wafflera con spray antiadherente. Coloque una bola de arancini en cada sección de la wafflera, cierre la tapa y cocine hasta que los arancini se mantengan unidos como una unidad cohesiva, 4 minutos.

f) Mientras se cocinan los arancini, calienta la salsa marinara en el microondas durante 45 segundos o en una cacerola pequeña sobre la hornalla a fuego lento.

g) Saque los arancini de la waflera y repita los pasos 5 y 6 con los arancini restantes. Mantenga los arancini terminados calientes en el horno.

h) Sirva los arancini con la salsa marinara tibia.

24. Buñuelos de calabacín y parmesano

RENDIMIENTO: 4 porciones

Ingredientes

- 2 tazas de calabacín rallado (aproximadamente 2 calabacines de tamaño mediano)
- $\frac{1}{2}$ cucharadita de sal
- 1 huevo grande
- $\frac{1}{4}$ taza de leche
- $\frac{1}{2}$ taza de queso parmesano rallado
- $\frac{1}{2}$ taza de harina para todo uso
- $\frac{1}{4}$ de cucharadita de pimienta negra recién molida
- Spray antiadherente para cocinar

Instrucciones

a) Colocar el calabacín en un colador y espolvorear con $\frac{1}{4}$ de cucharadita de sal. Dejar reposar durante 30 minutos. Enjuagar bien con agua fría. Presionar para eliminar el exceso de líquido del calabacín y luego secarlo con una toalla limpia que no suelte pelusa o toallas de papel.

b) Precaliente la waflera a temperatura media. Precaliente el horno a temperatura mínima.

c) En un bol grande, bate el huevo y luego añade la leche y $\frac{1}{4}$ de taza de queso parmesano. Bate bien para mezclar.

d) En un bol pequeño, combine la harina, el $\frac{1}{4}$ de cucharadita de sal restante y la pimienta. Mezcle bien y agregue la mezcla de huevo al bol grande. Agregue el calabacín y revuelva hasta que esté bien mezclado.

e) Rocíe ambos lados de la rejilla de la wafflera con spray antiadherente. Coloque cucharadas colmadas de la mezcla de calabacín sobre la wafflera, dejando espacio entre cada cucharada para que los buñuelos se esparzan. Cierre la tapa.

f) Cocine hasta que esté ligeramente dorado y bien cocido, 3 minutos, y retírelo de la wafflera.

g) Repita los pasos 5 y 6 con la masa restante. Mantenga calientes los buñuelos terminados en el horno.

h) Para servir, cubra los buñuelos con el $\frac{1}{4}$ de taza de parmesano restante.

25. Tostones waffled

Ingredientes

- 2 cuartos de aceite de sabor neutro, como canola, para freír
- 2 plátanos amarillos (un poquito de verde está bien)
- Sal al gusto
- Salsa de ajo para mojar

Instrucciones

a) Vierta el aceite en una olla grande o en una cacerola holandesa, teniendo cuidado de dejar suficiente espacio en la parte superior de la olla. El aceite no debe llegar más allá de la mitad, ya que podría burbujear al agregar los plátanos.

b) Calienta el aceite a 350 °F en un termómetro de lectura instantánea a fuego medio.

c) Mientras se calienta el aceite, pela los plátanos. Corta cada extremo y luego haz 3 cortes a lo largo del plátano. Retira la piel con los dedos. Corta cada plátano en rodajas de aproximadamente $\frac{1}{4}$ de pulgada de grosor.

d) Precaliente la waflera a temperatura media. Caliente una fuente en el horno a temperatura mínima.

e) Cuando el aceite alcance unos 350°F, un cubo de pan que se sumerja en el aceite se pondrá de color marrón claro en 60 segundos. Fríe las rodajas de plátano a esta temperatura durante 1 minuto.

f) Después de un minuto, revisa una rodaja de plátano para ver si está lista. Debe tener un color dorado claro y estar cocida por fuera. Cuanto más verde esté el plátano, más tiempo tardará en freírse: hasta unos 3 minutos.

g) Con una espumadera, retira los plátanos fritos del aceite y escúrrelos en un plato cubierto con toallas de papel. No pasa nada si les queda un poco de aceite; de hecho, será de ayuda cuando los coloques en la waflera.

h) Coloque tantos plátanos fritos como quepan en una sola capa sobre la wafflera, dejando un poco de espacio para que se expandan.

i) Presione la tapa de la waflera hacia abajo para aplastar los plátanos. Tenga cuidado: la tapa puede estar caliente.

j) Cocine hasta que los plátanos adquieran un color dorado intenso y estén suaves por completo, 2 minutos.

k) Saque los plátanos de la wafflera. Repita los pasos 8 a 10 con los plátanos restantes.

l) Coloque los plátanos listos en un plato tibio y espolvoree con sal. Sirva con la salsa de ajo.

26. Papas fritas waffled

RENDIMIENTO: 4 porciones

Ingredientes

- Spray antiadherente para cocinar
- 4 cucharadas ($\frac{1}{2}$ barra) de mantequilla sin sal, derretida
- 1 taza de agua
- $\frac{1}{2}$ cucharadita de sal
- 2 tazas de hojuelas de papa instantáneas
- Ketchup o mayonesa, para servir

Instrucciones

a) Precaliente la waflera a temperatura alta. Rocíe ambos lados de la rejilla de la waflera con spray antiadherente.

b) Combina la mantequilla derretida, el agua y la sal en un bol. Añade los copos de patata y revuelve bien la mezcla. Deja reposar mientras la plancha para waffels alcanza la temperatura deseada. La mezcla quedará bastante espesa.

c) Para cada papa frita, coloque aproximadamente una cucharada de mezcla de papas en la plancha para waffels. Coloque la mayor cantidad posible de mezcla de papas en la rejilla de la plancha para waffels, cierre la tapa y cocine hasta que adquiera un color dorado intenso, durante 3 minutos. Retire las papas fritas y repita el proceso, rociando nuevamente la rejilla de la plancha para waffels si es necesario, hasta que haya usado toda la mezcla de papas.

d) Sirve las patatas fritas con ketchup o mayonesa.

27. Anillos de cebolla waffled

RENDIMIENTO: 4 porciones

Ingredientes

- 1½ tazas de harina común
- ½ taza de maicena
- 1 cucharada de levadura en polvo
- 2 cucharaditas de sal
- 2 cucharaditas de azúcar granulada
- 1 cucharadita de pimienta negra recién molida
- 1 cucharadita de cebolla en polvo
- 12 onzas de cerveza estilo lager
- ¼ de taza de aceite de sabor neutro, como el de canola
- 1 cebolla grande, cortada en rodajas finas y luego en segmentos de no más de 1 pulgada de largo
- Spray antiadherente para cocinar

Instrucciones

a) Precaliente la waflera a temperatura media. Precaliente el horno a temperatura mínima.

b) En un bol grande, combina la harina, la maicena, el polvo para hornear, la sal, el azúcar, la pimienta y la cebolla en polvo y revuelve hasta que se integren. Agrega la cerveza mientras bates (la mezcla formará espuma). Agrega el aceite y luego las cebollas.

c) Cubre ambos lados de la rejilla de la waflera con spray antiadherente.

d) Vierta aproximadamente $\frac{1}{4}$ de taza de la masa sobre la plancha para waffles en forma de un anillo grande,

e) Tu anillo no quedará perfecto, pero puedes usar una espátula de silicona para darle forma a algunas partes de la masa antes de cerrar la tapa.

f) Cocine durante 4 minutos o hasta que se dore. Retire el aro de cebolla de la wafflera.

g) Repita los pasos 3 y 4 para hacer el resto de los aros de cebolla. Mantenga los aros de cebolla terminados calientes en el horno.

h) Servir caliente.

28. Galletas de avena waffled

RENDIMIENTO: Rinde aproximadamente 20 galletas

Ingredientes

- $\frac{1}{2}$ taza de mantequilla sin sal, ablandada
- $\frac{1}{2}$ taza de azúcar morena clara bien compacta
- 2 huevos grandes
- 1 cucharadita de extracto puro de vainilla
- $\frac{1}{2}$ taza de harina para todo uso
- $\frac{1}{2}$ cucharadita de bicarbonato de sodio
- $\frac{1}{4}$ cucharadita de sal
- $\frac{3}{4}$ taza de avena tradicional laminada
- $\frac{3}{4}$ taza de mini chips de chocolate semidulce
- Spray antiadherente para cocinar

Instrucciones

a) Precaliente la plancha para waffles a fuego medio.

b) En un tazón grande, bata la mantequilla y el azúcar moreno con una batidora eléctrica de mano hasta que la mezcla quede casi suave.

c) Añade los huevos y la vainilla, luego continúa batiendo hasta que estén completamente incorporados.

d) En un recipiente mediano, combine la harina, el bicarbonato de sodio y la sal. Agregue estos ingredientes secos a los ingredientes húmedos y mezcle hasta que queden algunas vetas de harina.

e) Añade la avena y las chispas de chocolate y revuelve para combinar.

f) Cubre ambos lados de la rejilla de la waflera con spray antiadherente.

g) Coloca una cucharada colmada de masa sobre cada sección de waffel, dejando espacio para que las galletas se esparzan. Cierra la tapa y cocina hasta que las galletas estén listas y comiencen a dorarse. Esto no llevará mucho tiempo: 2 o 3 minutos, según la temperatura de tu wafflera. Las galletas deben estar blandas cuando las retires y se endurecerán a medida que se enfríen.

h) Pasar las galletas a una rejilla para que se enfríen.

i) Repita los pasos 6 a 8 hasta que la masa restante esté completamente horneada.

29. Gofre de helado de terciopelo rojo

RENDIMIENTO: Rinde 8 sándwiches

Ingredientes

- $1\frac{3}{4}$ tazas de harina común
- $\frac{1}{4}$ taza de cacao sin azúcar
- 1 cucharadita de bicarbonato de sodio
- 1 cucharadita de sal
- 1 taza de aceite de canola
- 1 taza de azúcar granulada
- 1 huevo grande
- 3 cucharadas de colorante alimentario rojo
- 1 cucharadita de extracto puro de vainilla
- $1\frac{1}{2}$ cucharadita de vinagre blanco destilado
- $\frac{1}{2}$ taza de suero de leche
- Spray antiadherente para cocinar
- $1\frac{1}{2}$ cuarto de helado de vainilla
- 2 tazas de mini chips de chocolate semidulce

Instrucciones

a) Precaliente la plancha para waffles a fuego medio.

b) En un recipiente mediano, mezcle la harina, el cacao, el bicarbonato de sodio y la sal. Reserve.

c) En el bol de una batidora de pedestal o con una batidora de mano eléctrica en un bol grande, bate el aceite y el azúcar a velocidad media hasta que estén bien mezclados. Incorpora el huevo. Baja la velocidad de la batidora y añade lentamente el colorante alimentario y la vainilla.

d) Mezcla el vinagre y el suero de leche. Agrega la mitad de esta mezcla de suero de leche al tazón grande con el aceite, el azúcar y el huevo. Revuelve para combinar y luego agrega la mitad de la mezcla de harina. Raspa el tazón y revuelve solo lo suficiente para asegurarte de que no quede harina sin mezclar. Agrega el resto de la mezcla de suero de leche, revuelve para combinar y luego agrega el resto de la mezcla de harina. Revuelve nuevamente, solo lo suficiente para asegurarte de que no quede harina sin mezclar.

e) Rocíe ambos lados de la rejilla de la wafflera con spray antiadherente. Vierta suficiente masa en la wafflera para cubrir la rejilla, cierre la tapa y cocine hasta que los waffles estén lo suficientemente firmes como para sacarlos de la wafflera, 4 minutos.

f) Deja que los waffles se enfríen un poco sobre una rejilla. Usa tijeras de cocina o un cuchillo afilado para separar los waffles en secciones (probablemente rectángulos, cuñas o corazones, según la wafflera que tengas). Repite el proceso para hacer un total de 16 secciones.

g) Mientras las secciones de waffle se enfrían, coloque el helado en la encimera para que se ablande durante 10 minutos.

h) Una vez que el helado se haya ablandado, coloca la mitad de las porciones de waffle y usa una espátula para esparcir el helado con un grosor de aproximadamente 1 pulgada sobre cada una de ellas. Cubre con las porciones restantes para formar 8 sándwiches. Raspa el exceso de helado con una espátula de goma para emparejar los bordes.

i) Luego sumerja los bordes del helado en un bol o plato poco profundo lleno de mini chips de chocolate.

j) Envuelva cada sándwich con film transparente, colóquelo en una bolsa con cierre hermético y colóquela en el congelador durante al menos 1 hora para que el helado se endurezca. Retire el sándwich unos minutos antes de servirlo para que se ablande un poco.

30. Pan de plátano waffle

RENDIMIENTO: Rinde de 10 a 15 rebanadas de pan de plátano waffle

Ingredientes

- 1 taza más 2 cucharadas de azúcar granulada
- 1 cucharadita de canela molida
- 3 plátanos maduros de tamaño mediano, cortados en rodajas de $\frac{1}{8}$ de pulgada de grosor
- 8 cucharadas (1 barra) de mantequilla sin sal, ablandada
- $\frac{1}{2}$ taza de azúcar morena clara compacta
- 6 onzas de queso crema, ablandado, cortado en trozos de aproximadamente 1 onza
- 2 huevos grandes
- 1 cucharadita de extracto puro de vainilla
- $1\frac{1}{2}$ tazas de harina común
- $\frac{1}{2}$ taza de avena tradicional cruda
- $1\frac{1}{2}$ cucharadita de polvo para hornear
- $\frac{1}{4}$ de cucharadita de sal Y aceite en aerosol antiadherente

Instrucciones

a) En un tazón pequeño, mezcla 2 cucharadas de azúcar granulada y canela. Coloca los trozos de plátano en rodajas en un tazón pequeño y espolvoréalos con la mezcla de canela y azúcar. Revuelve para distribuir la mezcla de canela y azúcar de manera uniforme. Deja reposar los plátanos durante 30 minutos.

b) En el bol de una batidora de pie equipada con el accesorio de paleta o con una batidora de mano eléctrica, mezcle la mantequilla, la taza restante de azúcar granulada y el azúcar moreno hasta que estén bien mezclados. Agregue el queso crema y mezcle hasta que se incorpore por completo a la mezcla de azúcar. Agregue los huevos uno a la vez y mezcle hasta que se integren a la masa. Agregue la vainilla y mezcle bien para combinar.

c) En un bol mediano, combine la harina, la avena, el polvo para hornear y la sal. Una vez combinados, vierta la mezcla de harina en la mezcla de mantequilla y azúcar. Mezcle hasta que los ingredientes secos se incorporen por completo a los ingredientes húmedos, raspando el bol para asegurarse de que la mezcla esté bien combinada.

d) Vierta los plátanos y el líquido acumulado en el bol y mezcle suavemente para incorporar.

e) Precaliente la waflera a temperatura media. Rocíe ambos lados de la rejilla de la waflera con spray antiadherente. Precaliente el horno a temperatura mínima.

f) Rocíe el interior de una taza medidora de ⅓ de taza con spray antiadherente para ayudar a que la masa se desprenda. Mida ⅓ de taza de masa y viértala en la waflera precalentada. Cierre la tapa y cocine hasta que el pan de plátano esté de color dorado oscuro, 5 minutos.

g) Saque la pieza terminada de la waflera y colóquela sobre una rejilla para que se enfríe un poco. Repita el paso 6 con la masa restante. Mantenga las piezas terminadas calientes en el horno.

31. S'mores waffelados

RENDIMIENTO: 4 porciones

Ingredientes

- Spray antiadherente para cocinar
- $\frac{1}{2}$ taza de harina integral blanca
- $\frac{1}{2}$ taza de harina para todo uso
- $\frac{1}{4}$ de taza de azúcar morena oscura bien compacta
- $\frac{1}{2}$ cucharadita de bicarbonato de sodio
- $\frac{1}{4}$ cucharadita de sal
- Pizca de canela molida
- 4 cucharadas ($\frac{1}{2}$ barra) de mantequilla sin sal, derretida
- 2 cucharadas de leche
- $\frac{1}{4}$ taza de miel
- 1 cucharada de extracto puro de vainilla
- $\frac{3}{4}$ taza de chispas de chocolate semidulce
- $\frac{3}{4}$ taza de mini malvaviscos

Instrucciones

a) Precaliente la waflera a temperatura media. Rocíe ambos lados de la rejilla de la waflera con spray antiadherente.

b) En un bol, combine las harinas, el azúcar moreno, el bicarbonato de sodio, la sal y la canela. En un bol aparte, mezcle la mantequilla derretida, la leche, la miel y la vainilla.

c) Añade los ingredientes húmedos a la mezcla de harina y revuelve hasta formar una masa.

d) Deje reposar la mezcla durante 5 minutos. Será mucho más espesa que la masa para waffles común, pero no tanto como la masa de pan.

e) Mide aproximadamente $\frac{1}{4}$ de taza de masa y colócala en una sección de la waflera. Repite el procedimiento con otro $\frac{1}{4}$ de taza de masa para darle una parte superior y una inferior a tu sándwich de s'moreffle.

f) Cierre la tapa y cocine hasta que las galletas graham waffle aún estén ligeramente blandas pero completamente cocidas, 3 minutos.

g) Retire con cuidado las galletas graham de la waflera. Estarán bastante blandas, así que tenga cuidado de mantenerlas intactas. Déjelas enfriar un poco. Repita los pasos 5 a 7 con el resto de la masa.

32. Waffles de suero de leche y harina de maíz

RENDIMIENTO: 4 a 6 waffles; 4 porciones

Ingredientes

- 1¾ tazas de harina común
- ¼ de taza de harina de maíz finamente molida
- 2 cucharaditas de bicarbonato de sodio
- 1 cucharadita de sal
- 2 huevos grandes, separados
- 1¾ tazas de suero de leche
- 4 cucharadas de mantequilla sin sal, derretida y enfriada
- 1 cucharadita de extracto puro de vainilla
- Spray antiadherente para cocinar
- Mantequilla y jarabe de arce, para servir.

Instrucciones

a) Precaliente la waflera a temperatura media. Precaliente el horno a temperatura mínima.

b) En un bol grande, mezcle la harina, la harina de maíz, el bicarbonato de sodio y la sal. En un bol aparte, mezcle las yemas de huevo, el suero de leche, la mantequilla y la vainilla.

c) En un tazón mediano, bata las claras de huevo hasta que formen picos suaves.

d) Añade los ingredientes líquidos a los ingredientes secos mientras mezclas suavemente. Luego, incorpora las claras de huevo a la masa.

e) Rocíe ambos lados de la rejilla de la waflera con spray antiadherente. Vierta la mezcla en la waflera, cierre la tapa y cocine hasta que se dore, de 3 a 5 minutos.

f) Saque el waffle. Para mantenerlo caliente, colóquelo sobre una rejilla dentro del horno. Repita el paso 5 para preparar el resto de los waffles.

g) Servir con mantequilla y jarabe de arce.

33. Gofres de chocolate

Rinde de 8 a 10 porciones

Ingredientes

- 7 onzas (200 g) de helado semidulce o agridulce, opcional

- Chocolate picado (o utilizar chips)

- 4½ onzas (130 g) de mantequilla, cortada en cubitos

- 2 huevos

- 1½ tazas (360 ml) de leche

- 1 cucharadita de extracto de vainilla

- 2 tazas (260 g) de harina común

- ¾ taza (150 g) de azúcar

- ¼ de taza (35 g) de cacao en polvo

- 1 cucharadita de polvo para hornear

- 1 cucharadita de sal

- 1 taza (45 g) de chispas de chocolate

Instrucciones

a) Prepare la parrilla para dorar y presionar con las placas para waffles. Seleccione 450 °F para las placas superior e inferior. Presione Start (Iniciar) para precalentar.

b) Coloque el chocolate y la mantequilla en un recipiente apto para microondas y caliéntelos al 100 % de potencia durante 30 segundos. Revuelva continuamente hasta que el chocolate y la mantequilla se hayan derretido y la mezcla quede homogénea. Deje enfriar un poco.

c) Bate los huevos, la leche y la vainilla en un tazón grande o una jarra y revuelve con la mezcla de chocolate enfriada hasta que quede suave.

d) Tamice la harina, el azúcar, el cacao en polvo, el polvo para hornear y la sal juntos en un tazón grande y haga un hueco en el centro.

e) Vierta la mezcla de huevos y bata hasta que quede casi homogénea y queden solo unos pocos grumos. Agregue las chispas de chocolate.

f) Una vez que el precalentamiento haya terminado, se encenderá la luz verde de Listo. Agregue $\frac{1}{2}$ taza de masa en cada cuadrado de waffle. Cierre la tapa y cocine hasta que esté bien cocido y seco al tacto. Esto llevará aproximadamente de $3\frac{1}{2}$ a 4 minutos. Saque los waffles y colóquelos sobre una rejilla para que se enfríen un poco.

g) Repetir con la masa restante. Servir con helado, si se desea.

34. Waffles con ruibarbo escalfado

Rinde de 8 a 10 porciones

Ingredientes

- 2 huevos, separados

- 1 libra de ruibarbo fresco, recortado y lavado

- $1\frac{3}{4}$ tazas (420 ml) de leche

- $\frac{1}{4}$ taza de azúcar

- 1 cucharadita de extracto de vainilla

- 4 onzas (115 g) de mantequilla, derretida para servir

- 1 paquete de 4,6 onzas (130 g) de vainilla. Azúcar en polvo, opcional.

- Mezcla para pudín. Natillas de vainilla, opcionales.

- $2\frac{1}{4}$ tazas (295 g) de harina común

- 2 cucharaditas de polvo para hornear

- $\frac{1}{4}$ cucharadita de sal

- $\frac{1}{2}$ taza (100g) de azúcar

Instrucciones

a) Prepare la parrilla para dorar y presionar con las placas para waffles. Seleccione 410 °F para la placa superior y 350 °F para la placa inferior. Presione Start para precalentar.

b) Para preparar el ruibarbo escalfado, corte los tallos de ruibarbo en trozos de $\frac{1}{2}$ pulgada y colóquelos en una cacerola con azúcar y 1 taza de agua. Cocine a fuego lento hasta que el ruibarbo esté tierno, pero no deshecho. Deje enfriar por completo.

c) Para los waffles, bata las yemas de huevo, la leche, el extracto de vainilla y la mantequilla derretida en un tazón grande.

d) Combine la mezcla para pudín, la harina, el polvo para hornear, la sal y el azúcar en un tazón grande y haga un hueco en el centro.

e) Vierta con cuidado la mezcla de huevo y leche y bata hasta que se combinen.

f) Batir las claras de huevo con una batidora eléctrica hasta que se formen picos firmes. Incorporar la mezcla a la masa de los waffles.

g) Una vez que el precalentamiento haya terminado, se iluminará la luz verde de Listo. Agregue ½ taza de masa en cada cuadrado de waffle.

h) Cierre la tapa y cocine hasta que estén bien cocidos y dorados. Esto tomará aproximadamente 4 minutos o hasta que estén cocidos a su gusto. Saque los waffles y colóquelos sobre una rejilla para que se enfríen un poco.

i) Repetir con la masa restante. Servir con natillas espesas de vainilla y ruibarbo; espolvorear con azúcar en polvo.

35. Waffles soufflé de tres quesos

Rinde de 10 a 12 porciones

Ingredientes

- 4 huevos, separados
- 2¼ tazas (540 ml) de leche
- 4 onzas (115 g) de mantequilla derretida
- ½ taza (40 g) de parmesano rallado
- ½ taza (40 g) de mozzarella rallada ¼ de taza (20 g) de provolone rallado
- 3L tazas (435g) de harina común
- 1 cucharada de levadura en polvo
- 1 cucharadita de bicarbonato de sodio
- 1 cucharadita de sal kosher
- 1 taza (10 g) de cebollino finamente picado

Instrucciones

a) Prepare la parrilla para dorar y presionar con las placas para waffles. Seleccione 450 °F para las placas superior e inferior. Presione Start (Iniciar) para precalentar.

b) Combine las yemas de huevo, la leche y la mantequilla y bata hasta que estén bien combinados.

c) Coloque el queso, la harina, el polvo para hornear, el bicarbonato de sodio y la sal en un tazón grande y haga un hueco en el centro.

d) Vierta la mezcla de huevo y revuelva hasta que se combinen.

e) Batir las claras de huevo con una batidora eléctrica hasta que se formen picos firmes. Incorporar la mezcla a la masa de waffle junto con las cebolletas picadas.

f) Una vez que el precalentamiento haya terminado, se encenderá la luz verde de Listo. Agregue $\frac{1}{2}$ taza de masa en cada cuadrado de waffle. Cierre la tapa y cocine hasta que esté bien cocido y dorado. Esto llevará aproximadamente de 4 a 5 minutos o hasta que esté cocido a su gusto.

36. Waffles de suero de leche

Rinde 6 waffles

Ingredientes:

- 2 tazas de harina para todo uso
- 2 cucharadas de polenta o maíz seco
- 2 cucharadas de azúcar blanca
- $\frac{3}{4}$ cucharaditas de bicarbonato de sodio
- $\frac{3}{4}$ cucharadita de sal en escamas
- $2\frac{1}{2}$ tazas de suero de leche
- 3 huevos grandes
- 1 cucharadita de extracto puro de vainilla
- 2/3 taza de aceite vegetal

Instrucciones

a) Combine los ingredientes secos en un tazón grande y bata hasta que estén bien mezclados. En una taza medidora grande o en un tazón aparte, combine los ingredientes restantes y bata hasta que se integren.

b) Añade los ingredientes líquidos a los ingredientes secos y bate hasta que quede suave.

c) Precaliente la waflera a la temperatura deseada (sonará un tono cuando esté precalentada).

d) Vierta una taza de masa por la parte superior del pico vertedor. Cuando suene el tono, el waffle estará listo. Abra con cuidado la waflera y retire el waffle horneado.

e) Cierre la waflera y repita con la masa restante.

37. Waffles belgas

Rinde 5 waffles

Ingredientes:

- 2 tazas de harina para todo uso
- 2 cucharadas de polenta
- $\frac{3}{4}$ cucharadita de sal en escamas
- $\frac{1}{2}$ cucharadita de bicarbonato de sodio
- 2 huevos grandes, separados
- $2\frac{1}{2}$ tazas de suero de leche
- $\frac{1}{4}$ taza de aceite vegetal
- $\frac{1}{2}$ cucharadita de extracto puro de vainilla
- Una pizca de cremor tártaro

Instrucciones

a) Combine los primeros cuatro ingredientes en un tazón grande; bata hasta que estén bien mezclados.

b) En una taza medidora grande o en un recipiente aparte, combine las yemas de huevo, el suero de leche, el aceite y el extracto de vainilla y bata hasta que estén bien combinados.

c) Añade los ingredientes líquidos a los ingredientes secos y bate hasta que quede suave.

d) Coloca las claras de huevo y el crémor tártaro en un bol grande, limpio y aparte. Con un batidor de varillas o una batidora de mano equipada con un accesorio para batir, bate hasta obtener picos medianos. Con una espátula grande, agrega las claras batidas al resto de la masa y mezcla con movimientos envolventes; asegúrate de que no queden grumos de clara de huevo en la masa. Si es necesario, bate hasta que la masa quede suave.

e) Precaliente la waflera a la temperatura deseada (sonará un tono cuando esté precalentada).

f) Vierta lentamente una taza llena de masa por la parte superior del pico, asegurándose de que la masa fluya hacia la waflera y de que el pico no se llene de masa de una sola vez. Cuando suene el tono, el waffle estará listo.

g) Abra con cuidado la waflera y retire el waffle horneado. Cierre la waflera y repita el procedimiento con la masa restante.

38. Waffles multigrano

Rinde 4 waffles

Ingredientes:

- 1 taza de harina integral
- $\frac{1}{2}$ taza de harina para todo uso
- $\frac{1}{4}$ taza de harina de almendras
- $\frac{1}{4}$ taza de germen de trigo
- 1 cucharadita de polvo para hornear
- $\frac{1}{2}$ cucharadita de sal en escamas
- $\frac{1}{2}$ cucharadita de canela molida
- $\frac{1}{4}$ cucharadita de bicarbonato de sodio
- 2 tazas de leche sin lactosa
- 2 cucharaditas de vinagre blanco destilado
- 2 huevos grandes
- 2 cucharadas de jarabe de arce puro
- 1 cucharadita de extracto puro de vainilla
- $\frac{1}{4}$ taza de aceite vegetal
- 2 cucharadas de aceite de linaza

Instrucciones

a) Combine los ingredientes secos en un tazón grande y bata hasta que estén bien mezclados. En una taza medidora grande o en un tazón aparte, combine los ingredientes restantes y bata hasta que estén bien combinados.

b) Añade los ingredientes líquidos a los ingredientes secos y bate hasta que quede suave.

c) Precaliente la waflera a la temperatura deseada (sonará un tono cuando esté precalentada).

d) Vierta una taza de masa por la parte superior del pico vertedor. Cuando suene el tono, el waffle estará listo.

e) Abra con cuidado la waflera y retire el waffle horneado. Cierre la waflera y repita el procedimiento con la masa restante.

39. Waffles de trigo sarraceno

Rinde 6 waffles

Ingredientes

- 1½ tazas de harina para todo uso
- ½ taza de harina de trigo sarraceno
- 2 cucharadas de polenta
- 2 cucharadas de azúcar blanca
- ¾ cucharaditas de bicarbonato de sodio
- ¾ cucharadita de sal en escamas
- 2½ tazas de suero de leche
- 3 huevos grandes
- 1 cucharadita de extracto puro de vainilla
- 2/3 taza de aceite vegetal

Instrucciones

a) Combine los ingredientes secos en un tazón grande y bata hasta que estén bien mezclados. En una taza medidora grande o en un tazón aparte, combine los ingredientes restantes y bata hasta que se integren.

b) Añade los ingredientes líquidos a los ingredientes secos y bate hasta que quede suave.

c) Precaliente la máquina para hacer waffles a la temperatura deseada.

d) Vierta una taza de masa por la parte superior del pico vertedor. Cuando suene el tono, el waffle estará listo. Abra con cuidado la wafflera y retire el waffle horneado.

e) Cierre la waflera y repita con la masa restante.

40. Waffles de frutas y sirope de arce

Rinde 3 waffles

Ingredientes:

- $1\frac{1}{2}$ tazas de harina de arroz
- $\frac{1}{4}$ taza de almidón de tapioca
- 2 cucharadas de leche en polvo
- 2 cucharadas de azúcar blanca
- 2 cucharaditas de polvo para hornear
- $\frac{3}{4}$ cucharadita de sal en escamas
- $1\frac{1}{2}$ tazas de suero de leche
- 1 huevo grande
- 2 cucharaditas de extracto puro de vainilla
- 1/3 taza de aceite vegetal

Instrucciones

a) Combine los ingredientes secos en un tazón grande y bata hasta que estén bien mezclados. En una taza medidora grande o en un tazón aparte, combine los ingredientes restantes y bata hasta que se integren.

b) Añade los ingredientes líquidos a los ingredientes secos y bate hasta que quede suave.

c) Precaliente la waflera a la temperatura deseada (sonará un tono cuando esté precalentada).

d) Vierta 1 taza llena de masa por la parte superior del pico vertedor. Cuando suene el tono, el waffle estará listo. Abra con cuidado la wafflera y retire el waffle horneado.

e) Cierre la waflera y repita con la masa restante.

41. Waffles de polenta y cebollino

Rinde 6 waffles

Ingredientes:

- 2 tazas de harina para todo uso
- $\frac{1}{2}$ taza de polenta o maíz seco
- 1 cucharadita de sal en escamas
- $\frac{3}{4}$ cucharaditas de bicarbonato de sodio
- $2\frac{1}{2}$ tazas de suero de leche
- 3 huevos grandes
- 2/3 taza de aceite vegetal
- $\frac{1}{4}$ de taza de cebollino fresco finamente picado

Instrucciones

a) Combine la harina, la polenta, la sal y el bicarbonato de sodio en un tazón grande; bata para mezclar. En una taza medidora grande o en un tazón aparte, combine los ingredientes líquidos y bata para mezclar.

b) Agregue los ingredientes secos y bata hasta que quede una mezcla homogénea. Incorpore las cebolletas.

c) Precaliente la waflera a la temperatura deseada (sonará un tono cuando esté precalentada).

d) Vierta una taza de masa por la parte superior del pico vertedor. Cuando suene el tono, el waffle estará listo. Abra con cuidado la wafflera y retire el waffle horneado.

e) Cierre la waflera y repita con la masa restante.

42. Waffles con queso picante

Rinde 6 waffles

Ingredientes:

- 2 tazas de harina para todo uso
- $\frac{1}{4}$ taza de polenta o maíz seco
- $\frac{3}{4}$ cucharaditas de bicarbonato de sodio
- $\frac{1}{2}$ cucharadita de sal en escamas
- $\frac{1}{4}$ cucharadita de pimienta de cayena
- $2\frac{1}{2}$ tazas de suero de leche
- 2 huevos grandes
- 2/3 taza de aceite vegetal
- $\frac{1}{2}$ taza de queso cheddar finamente rallado

Instrucciones

a) Combine la harina, la polenta, el bicarbonato de sodio, la sal y las especias en un tazón grande; bata para combinar.

b) En una taza medidora grande o en un bol aparte, combine los ingredientes líquidos y bata hasta que se integren. Agregue a los ingredientes secos y bata hasta que quede una mezcla homogénea. Incorpore el queso cheddar.

c) Precaliente la waflera a la temperatura deseada (sonará un tono cuando esté precalentada).

d) Vierta lentamente una taza escasa de masa a través de la parte superior del pico, asegurándose de permitir que la masa fluya hacia la waflera y de no llenar el pico con masa de una sola vez.

e) Cuando suene el tono el gofre estará listo.

f) Abra con cuidado la waflera y retire el waffle horneado.

g) Cierre la waflera y repita con la masa restante.

43. Pollo y waffles

Rinde 8 porciones

Ingredientes:

- 2 tazas de suero de leche
- 1 cucharada de salsa picante
- 1 cucharada de mostaza estilo Dijon
- $1\frac{1}{2}$ cucharadita de sal en escamas, dividida
- $1\frac{1}{2}$ cucharadita de pimienta negra recién molida
- 8 pechugas de pollo deshuesadas y sin piel (700 g), machacadas hasta quedar finas
- 2 tazas de harina para todo uso
- $1\frac{1}{2}$ cucharadita de polvo para hornear
- 1 cucharadita de pimentón
- Aceite vegetal para freír
- 4 Waffles de polenta y cebollino preparados

Instrucciones

a) En un recipiente mediano no reactivo, mezcle el suero de leche, la salsa picante, la mostaza, 1 cucharadita de sal y 1 cucharadita de pimienta recién molida.

b) Añade los trozos de pollo y cúbrelos bien con la mezcla de suero de leche. Refrigera durante la noche.

c) En un recipiente poco profundo, mezcle la harina, el polvo para hornear, el pimentón y la sal y la pimienta restantes.

d) Precaliente su freidora a 190°C.

e) Mientras se calienta el aceite, forre una bandeja para hornear con toallas de papel e inserte una rejilla para enfriar dentro de la bandeja; reserve.

f) Retire el pollo de la mezcla de suero de leche y cubra ligeramente y de manera uniforme cada trozo de pollo con la mezcla de harina, retirando el exceso.

g) Freír el pollo en tandas, aproximadamente 3 minutos por lado. La temperatura interna del pollo debe alcanzar los 80 °C. Transferir a una rejilla para enfriar preparada.

h) Unte una mantequilla compuesta o mayonesa en cada waffle, luego coloque 2 trozos de pollo encima y rocíe una salsa dulce y sabrosa por encima.

44. Waffles de limón y semillas de amapola

Rinde 6 waffles

Ingredientes:

- 2 tazas de harina para todo uso
- 2 cucharadas de polenta
- 2 cucharadas de azúcar blanca
- 2 cucharadas de semillas de amapola
- $\frac{3}{4}$ cucharaditas de bicarbonato de sodio
- $\frac{3}{4}$ cucharadita de sal en escamas
- $2\frac{1}{2}$ tazas de suero de leche
- 2 huevos grandes
- 1 cucharada de ralladura de limón
- 1 cucharadita de jugo de limón fresco
- 1 cucharadita de extracto puro de vainilla
- 2/3 taza de aceite vegetal

Instrucciones

a) Combine todos los ingredientes secos en un tazón grande y bata hasta que estén bien mezclados. En una taza medidora grande o en un tazón aparte, combine los ingredientes restantes y bata hasta que se integren.

b) Añade los ingredientes líquidos a los ingredientes secos y bate hasta que quede suave.

c) Precaliente la máquina para hacer waffles a la temperatura deseada.

d) Vierta una taza de masa por la parte superior del pico vertedor. Cuando suene el tono, el waffle estará listo. Abra con cuidado la wafflera y retire el waffle horneado.

e) Cierre la waflera y repita con la masa restante.

45. Waffles de ricota y frambuesa

Rinde 6 waffles

Ingredientes:

- 2 tazas de harina para todo uso
- 2 cucharadas de polenta
- 2 cucharadas de azúcar blanca
- $\frac{3}{4}$ cucharaditas de bicarbonato de sodio
- $\frac{3}{4}$ cucharadita de sal en escamas
- 2 tazas de suero de leche
- 2 huevos grandes
- 2/3 taza de ricota
- 1 cucharadita de extracto puro de vainilla
- $\frac{1}{2}$ taza de aceite vegetal
- $\frac{1}{4}$ taza de mermelada/conserva de frambuesa

Instrucciones

a) Combine los ingredientes secos en un tazón grande; bata hasta que estén bien mezclados. En una taza medidora grande o en un tazón aparte, combine el suero de leche, los huevos, la ricota, el extracto de vainilla y el aceite; bata para combinar.

b) Añade los ingredientes líquidos a los ingredientes secos y bate hasta que quede una mezcla homogénea. Vierte la mermelada o la conserva sobre la masa y remueve.

c) Precaliente la waflera a la temperatura deseada (sonará un tono cuando esté precalentada).

d) Vierta lentamente una taza escasa de masa a través de la parte superior del pico, asegurándose de permitir que la masa fluya hacia la waflera y de no llenar el pico con masa de una sola vez.

e) Cuando suene el tono, el waffle estará listo. Abra con cuidado la wafflera y retire el waffle horneado.

f) Cierre la waflera y repita con la masa restante.

46. Waffles de plátano

Rinde 6 waffles

Ingredientes:

- 2 tazas de harina para todo uso
- 2 cucharadas de polenta o maíz seco
- 2 cucharadas de azúcar moreno claro
- $\frac{3}{4}$ cucharaditas de bicarbonato de sodio
- $\frac{3}{4}$ cucharadita de sal en escamas
- $\frac{1}{4}$ cucharadita de canela molida
- 2 tazas de suero de leche
- 2 huevos grandes
- 1 taza de puré de plátano
- 2 cucharaditas de extracto puro de vainilla
- 2/3 taza de aceite vegetal

Instrucciones

a) Combine los ingredientes secos en un tazón grande; bata hasta que estén bien mezclados.

b) En una taza medidora grande o en un recipiente aparte, combine los ingredientes restantes y bata para combinar (asegúrese de que el plátano esté bien mezclado).

c) Si quedan grumos, se pueden eliminar con una batidora de mano o de encimera, o con un procesador de alimentos).

d) Añade los ingredientes líquidos a los secos y bate hasta que quede suave.

e) Precaliente la waflera a la temperatura deseada (sonará un tono cuando esté precalentada).

f) Vierta una taza de masa por la parte superior del pico vertedor. Cuando suene el tono, el waffle estará listo. Abra con cuidado la wafflera y retire el waffle horneado.

g) Cierre la waflera y repita con la masa restante.

47. Gofres de chocolate

Rinde 6 waffles

Ingredientes:
- 2 tazas de harina para todo uso
- $\frac{1}{2}$ taza de azúcar blanca
- 2/3 taza de cacao en polvo sin azúcar, tamizado
- 2 cucharaditas de polvo para hornear
- $\frac{1}{2}$ cucharadita de bicarbonato de sodio
- $\frac{1}{2}$ cucharadita de sal en escamas
- $\frac{1}{2}$ cucharadita de canela molida
- $2\frac{1}{2}$ tazas de suero de leche
- 2 huevos grandes
- 1 cucharadita de extracto puro de vainilla
- 1/3 taza de aceite vegetal
- $\frac{1}{2}$ taza de mini chocolate semidulce
- bocados

Instrucciones

a) Combine la harina, el azúcar, el cacao en polvo, el polvo para hornear, el bicarbonato de sodio, la sal y la canela en un tazón grande; bata para mezclar.

b) En una taza medidora grande o en un recipiente aparte, combine los ingredientes líquidos y bata para combinar.

c) Agregue los ingredientes secos y bata hasta que quede una mezcla homogénea. Incorpore los trocitos.

d) Precaliente la waflera a la temperatura deseada (sonará un tono cuando esté precalentada).

e) Vierta una taza de masa por la parte superior del pico vertedor. Cuando suene el tono, el waffle estará listo. Abra con cuidado la wafflera y retire el waffle horneado.

f) Cierre la waflera y repita con la masa restante.

48. Waffles de canela y azúcar

Rinde 6 waffles

Ingredientes:

- 2 tazas de harina para todo uso
- 2 cucharadas de polenta o maíz seco
- $\frac{1}{4}$ de taza de azúcar morena clara u oscura compacta
- 1 cucharadita de canela molida
- $\frac{3}{4}$ cucharaditas de bicarbonato de sodio
- $\frac{3}{4}$ cucharadita de sal en escamas
- $2\frac{1}{2}$ tazas de suero de leche
- 2 huevos grandes
- 1 cucharadita de extracto puro de vainilla
- 2/3 taza de aceite vegetal

Instrucciones

a) Combine los ingredientes secos en un tazón grande; bata hasta que estén bien mezclados.

b) En una taza medidora grande o en un recipiente aparte, combine los ingredientes restantes y bata para combinar.

c) Añade a los ingredientes secos y bate hasta que quede suave.

d) Precaliente la waflera a la temperatura deseada (sonará un tono cuando esté precalentada).

e) Vierta una taza de masa por la parte superior del pico vertedor. Cuando suene el tono, el waffle estará listo. Abra con cuidado la wafflera y retire el waffle horneado.

f) Cierre la waflera y repita con la masa restante.

49. Waffles de tarta de fresa

Rinde 4 porciones

Ingredientes:

- 1 litro de fresas frescas, sin tallo y cortadas en rodajas
- 3 cucharadas de azúcar blanca
- Pizca de sal en escamas
- 1 taza de crema espesa
- 3 cucharadas de azúcar glas
- $\frac{1}{2}$ cucharadita de extracto puro de vainilla
- gofres preparados

Instrucciones

a) En un recipiente mediano, mezcle las fresas, el azúcar blanca y una pizca de sal. Deje macerar hasta que esté listo para servir.

b) En un tazón grande, combine la crema espesa, el azúcar glas, la vainilla y la sal.

c) Con una batidora de mano equipada con el accesorio de batidor, bata hasta lograr picos medianos-suaves. Reserve.

d) Para servir, cubra con crema batida y luego con algunas de las fresas maceradas.

e) Rocíe un poco del jugo de las fresas (recogido en el fondo del bol) sobre las fresas. Espolvoree con azúcar glas si lo desea.

f) Para cada waffle necesitarás sólo alrededor de 1/3 de taza de crema batida y 1/3 de taza de fresas.

PANQUEQUES

50. Panqueques de terciopelo rojo

Ingredientes:

Cubierta

- $\frac{1}{2}$ taza de kéfir natural
- 2 cucharadas de azúcar en polvo

Panqueques

- $1\frac{3}{4}$ tazas de avena tradicional en hojuelas
- 3 cucharadas de cacao en polvo
- $1\frac{1}{2}$ cucharadita de polvo para hornear
- 1 cucharadita de bicarbonato de sodio
- $\frac{1}{4}$ cucharadita de sal
- 3 cucharadas de jarabe de arce
- 2 cucharadas de aceite de coco (derretido)
- $1\frac{1}{2}$ tazas de leche baja en grasa al 2%
- 1 huevo grande
- 1 cucharadita de colorante alimentario rojo
- Virutas o chips de chocolate para servir

Instrucciones

a) Para la cobertura, agregue ambos ingredientes a un tazón pequeño y revuelva hasta que se combinen. Deje a un lado.

b) Para preparar los panqueques, coloque todos los ingredientes en una licuadora de alta velocidad y licue a alta velocidad hasta que se licúen. Asegúrese de que todo esté bien licuado.

c) Deje reposar la masa durante 5 a 10 minutos. Esto permite que todos los ingredientes se integren y le da a la masa una mejor consistencia.

d) Rocíe generosamente una sartén o plancha antiadherente con aceite vegetal y caliéntela a fuego medio.

e) Una vez que la sartén esté caliente, agrega la masa usando una taza medidora de $\frac{1}{4}$ de taza y vierte la masa en la sartén para hacer el panqueque. Usa la taza medidora para ayudar a darle forma al panqueque.

f) Cocine hasta que los lados parezcan listos y se formen burbujas en el medio (aproximadamente de 2 a 3 minutos), luego voltee el panqueque.

g) Una vez que el panqueque esté cocido por ese lado, retírelo del fuego y colóquelo en un plato.

h) Continúe estos pasos con el resto de la masa.
i) Apilar y servir con cobertura y chispas de chocolate.

51. Panqueques de chocolate negro

Ingredientes:

Relleno

- 1 taza de chispas de chocolate negro
- $\frac{1}{2}$ taza de crema batida espesa

Panqueques

- $1\frac{3}{4}$ tazas de avena tradicional en hojuelas
- $1\frac{1}{2}$ cucharadita de polvo para hornear
- 1 cucharadita de bicarbonato de sodio
- $\frac{1}{2}$ cucharadita de canela
- $\frac{1}{4}$ cucharadita de sal
- 2 cucharadas de aceite de coco (derretido)
- 1 cucharada de jarabe de arce
- 1 cucharadita de extracto de vainilla
- $1\frac{1}{2}$ tazas de leche baja en grasa al 2%
- 1 huevo grande
- Azúcar en polvo y fresas en rodajas, para servir.

Instrucciones

Para el relleno

a) Vierta los chips de chocolate en un bol y vierta la crema en una cacerola pequeña.

b) Calentar la nata hasta que los bordes burbujeen, luego verter sobre el chocolate.

c) Deje reposar el chocolate durante 2 minutos (esto ayuda a que se derrita), luego revuelva para formar un ganache espeso.
d) Cubre una bandeja para hornear con papel pergamino.
e) Engrase el interior de un cortador de galletas redondo de 2 pulgadas.
f) Vierta 1 cucharadita de chocolate en el cortador de galletas y extiéndalo de manera que forme un círculo. Retire el cortador y continúe haciendo círculos de ganache (deberían salir aproximadamente seis).
g) Coloque la bandeja para hornear en el congelador y congele el ganache durante al menos 4 horas o durante la noche.

Para los panqueques

a) Añade todos los ingredientes, excepto las fresas, a una licuadora de alta velocidad y licúalos a máxima velocidad. Asegúrate de que todo esté bien licuado.
b) Vierta la masa en un bol y déjela reposar durante 2 o 3 minutos. Esto permite que la masa se espese para que pueda

contener el chocolate cuando dé vuelta los panqueques.

c) Rocíe generosamente una sartén o plancha antiadherente con aceite vegetal y caliéntela a fuego medio.

d) Una vez que la sartén esté caliente, use una taza medidora de $\frac{1}{4}$ de taza para verter la masa en la sartén.

e) Extiende suavemente la masa formando un círculo con la taza medidora.

f) Coloque un círculo de ganache congelado (volteado de modo que el lado con grumos quede hacia abajo) en el centro de la masa y presiónelo suavemente para que se integre en la masa. Vierta más masa sobre el círculo de ganache hasta que quede cubierto.

g) Cocine hasta que la masa esté seca al tacto (aproximadamente de 3 a 4 minutos), luego voltee el panqueque con cuidado.

h) Continúe cocinando hasta que el otro lado del panqueque esté dorado.

i) Una vez que el panqueque esté cocido por ese lado, retírelo del fuego y colóquelo en un plato.

j) Continúe con la masa restante y el chocolate.

k) Sirva los panqueques con azúcar en polvo y fresas en rodajas.

52. Panqueques de piña al revés

Ingredientes:

- 1 lata (20 onzas) de rodajas de piña (escurridas)
- 1¾ tazas de avena tradicional en hojuelas
- 1½ cucharadita de polvo para hornear
- 1 cucharadita de bicarbonato de sodio
- ½ cucharadita de canela
- ¼ cucharadita de sal
- 2 cucharadas de jarabe de arce
- 2 cucharadas de aceite de coco (derretido)
- 1½ tazas de leche baja en grasa al 2%
- 1 huevo grande
- Azúcar moreno
- Cerezas al marrasquino (despalilladas y cortadas por la mitad), para servir

Instrucciones

a) Coloque los aros de piña sobre una doble capa de toallas de papel para escurrir el exceso de líquido.

b) Añade todos los ingredientes, excepto la piña, el azúcar morena y las cerezas al marrasquino, a una licuadora de alta velocidad y licúalos a máxima velocidad.

Asegúrate de que todo esté bien mezclado.

c) Vierta la masa en un bol y déjela reposar durante 2 o 3 minutos. Esto permite que la masa se espese para que pueda sostener los aros de piña cuando dé vuelta los panqueques.

d) Rocíe generosamente una sartén o plancha antiadherente con aceite vegetal y caliéntela a fuego medio.

e) Una vez que la sartén esté caliente, use una taza medidora de $\frac{1}{4}$ de taza para verter la masa en la sartén. Extienda suavemente la masa en forma redonda con la taza medidora.

f) Coloque el aro de piña en el centro de la masa y presiónelo suavemente para que se incorpore a la masa. Espolvoree ligeramente un poco de azúcar morena directamente sobre el aro de piña.

g) Cocine hasta que la masa esté seca al tacto (aproximadamente de 3 a 4 minutos), luego voltee el panqueque con cuidado.

h) Continúa cocinando hasta que la piña esté bien caramelizada.

i) Una vez que el panqueque esté cocido por ese lado, retírelo del fuego y colóquelo en un plato.

j) Sirve cada panqueque con una cereza al marrasquino colocada en el centro de la piña.

53. Panqueques de merengue de limón

Ingredientes:

Merengue

- 4 claras de huevo grandes
- 3 cucharadas de azúcar

Panqueques

- 2 huevos
- $\frac{1}{2}$ taza de requesón
- $\frac{1}{2}$ cucharadita de extracto de vainilla
- 1 cucharada de miel
- $\frac{1}{4}$ taza de harina de espelta
- $\frac{1}{2}$ cucharadita de polvo para hornear
- $\frac{1}{4}$ de cucharadita de bicarbonato de sodio
- 2 cucharaditas de mezcla de gelatina de limón sin azúcar

Instrucciones

Para el merengue

a) Añade las claras de huevo a un bol y bate hasta que se formen picos suaves. Los picos suaves se forman cuando retiras las varillas batidoras de la mezcla y se forman picos que se caen rápidamente.

b) Añade el azúcar a las claras de huevo y sigue batiendo hasta que se formen picos firmes. Los picos firmes se forman cuando retiras las varillas batidoras de la mezcla y los picos se forman y mantienen su forma.

c) Reserva el merengue.

d) Batir los huevos, el requesón, la vainilla y la miel y reservar.

e) En otro recipiente, bata los ingredientes secos hasta que estén bien combinados.

f) Añade los ingredientes húmedos a los ingredientes secos y bate hasta que estén bien combinados.

g) Rocíe generosamente una sartén o plancha antiadherente con aceite vegetal y caliéntela a fuego medio.

h) Una vez que la sartén esté caliente, agrega la masa usando una taza medidora de $\frac{1}{4}$ de taza y vierte la masa en la sartén para hacer el panqueque. Usa la taza medidora para ayudar a darle forma al panqueque.

i) Cocine hasta que los lados parezcan listos y se formen burbujas en el medio (aproximadamente de 2 a 3 minutos), luego voltee el panqueque.

j) Una vez que el panqueque esté cocido por ese lado, retírelo del fuego y colóquelo en un plato.

k) Continúe estos pasos con el resto de la masa.

l) Cubra los panqueques con el merengue.

m) Para tostar el merengue, puedes usar un soplete para dorar ligeramente los bordes o puedes colocar los panqueques cubiertos debajo de un asador caliente durante 2 a 3 minutos.

54. Panqueques con rollos de canela

Ingredientes:

Cobertura de queso crema y anacardos

- 1 taza de anacardos crudos
- ⅓ taza de agua
- 2 cucharadas de miel
- 1 cucharadita de vinagre de sidra de manzana
- 1 cucharadita de jugo de limón
- ½ cucharadita de extracto de vainilla
- ½ cucharadita de sal kosher

Relleno de canela

- ½ taza de azúcar morena
- 4 cucharadas de mantequilla derretida
- 3 cucharaditas de canela

Panqueques

- 1¾ tazas de avena tradicional en hojuelas
- 1½ cucharadita de polvo para hornear
- 1 cucharadita de bicarbonato de sodio
- ½ cucharadita de canela
- ¼ cucharadita de sal
- 2 cucharadas de aceite de coco, derretido
- 1 cucharada de jarabe de arce
- 1 huevo grande
- 1 cucharadita de extracto de vainilla

- $1\frac{1}{2}$ tazas de leche baja en grasa al 2%

Instrucciones

a) Remojar los anacardos en agua durante la noche.

b) Escurre los anacardos y luego agrégalos a una licuadora junto con el resto de los ingredientes.

c) Licue la mezcla de anacardos hasta que quede cremosa y sin grumos.

d) Vierta la cobertura en un recipiente pequeño con tapa y déjelo a un lado.

Para el relleno de canela

a) Mezcle todos los ingredientes y revuelva para combinar, asegurándose de eliminar todos los grumos.

b) Vierte esta mezcla en una bolsa para sándwich. Corta la punta de la bolsa y úsala como manga pastelera para colocar la canela en espiral sobre los panqueques.

Para los panqueques

a) Añade todos los ingredientes a una licuadora. El aceite de coco derretido puede endurecerse al combinarse con ingredientes más fríos, por lo que puedes calentar un poco la leche para evitar que esto suceda si lo deseas.

b) Licuar todo hasta obtener un líquido homogéneo.

c) Vierta la mezcla de panqueques en un tazón grande.

d) Deje reposar la masa durante 5 a 10 minutos. Esto permite que todos los ingredientes se integren y le da a la masa una mejor consistencia.

e) Rocíe generosamente una sartén o plancha antiadherente con aceite vegetal y caliéntela a fuego medio.

f) Una vez que la sartén esté caliente, agrega la masa usando una taza medidora de $\frac{1}{4}$ de taza y vierte la masa en la sartén para hacer el panqueque. Extiende suavemente la masa en forma redonda con la taza medidora.

g) Corte la punta de la bolsa de relleno de canela y exprima una espiral de canela sobre el panqueque.

h) Cocine hasta que los lados parezcan listos y se formen burbujas en el medio (aproximadamente de 2 a 3 minutos), luego voltee el panqueque.

i) Una vez que el panqueque esté cocido por ese lado, retírelo del fuego y colóquelo en un plato.

j) Sirva los panqueques con la cobertura de queso crema y anacardos.

55. Panqueques de kéfir

Ingredientes:

- $1\frac{1}{2}$ tazas de harina de espelta
- $1\frac{1}{2}$ cucharadita de polvo para hornear
- 1 cucharadita de bicarbonato de sodio
- $\frac{1}{2}$ cucharadita de sal
- 2 cucharadas de aceite de coco, derretido
- 2 huevos grandes batidos
- $\frac{1}{4}$ taza de leche baja en grasa al 2%
- $1\frac{1}{4}$ tazas de kéfir natural, ligeramente calentado
- $\frac{1}{4}$ taza de jarabe de arce
- Arándanos, para servir (opcional)

Instrucciones

a) Añade la harina, el polvo para hornear, el bicarbonato de sodio y la sal en un tazón grande y bate hasta combinar bien.

b) Añade el resto de los ingredientes a otro bol y bate hasta que se integren bien. El aceite de coco derretido puede endurecerse al combinarse con ingredientes más fríos, por lo que puedes calentar un poco la leche para evitar que esto suceda si lo deseas.

c) Vierta los ingredientes húmedos en los ingredientes secos y bata para combinar hasta que todos los ingredientes estén húmedos.

d) Deje reposar la masa durante 2 o 3 minutos. Esto permite que todos los ingredientes se integren y le da a la masa una mejor consistencia.

e) Rocíe generosamente una sartén o plancha antiadherente con aceite vegetal y caliéntela a fuego medio.

f) Una vez que la sartén esté caliente, agrega la masa usando una taza medidora de $\frac{1}{4}$ de taza y vierte la masa en la sartén para hacer el panqueque. Usa la taza medidora para ayudar a darle forma al panqueque.

g) Cocine hasta que los lados parezcan listos y se formen burbujas en el medio (aproximadamente de 2 a 3 minutos), luego voltee el panqueque.

h) Una vez que el panqueque esté cocido por ese lado, retírelo del fuego y colóquelo en un plato.

i) Continúe estos pasos con el resto de la masa. Sirva con arándanos, si lo desea.

56. Panqueques de requesón

Ingredientes:

- $\frac{1}{4}$ taza de harina de espelta
- $\frac{1}{2}$ cucharadita de polvo para hornear
- $\frac{1}{4}$ de cucharadita de bicarbonato de sodio
- $\frac{1}{8}$ cucharadita de canela
- $\frac{1}{8}$ cucharadita de sal
- 2 huevos grandes batidos
- $\frac{1}{2}$ taza de requesón bajo en grasa al 2%
- 1 cucharada de miel
- $\frac{1}{2}$ cucharadita de extracto de vainilla
- Fresas para servir (opcional)

Instrucciones

a) Añade todos los ingredientes secos en un bol y bate hasta que estén bien combinados.

b) En un recipiente aparte, bata los ingredientes húmedos juntos.

c) Añade los ingredientes húmedos a los ingredientes secos y bate hasta combinarlos bien.

d) Deje reposar la masa durante 5 a 10 minutos. Esto permite que todos los ingredientes se integren y le da una mejor consistencia a la masa.

e) Rocíe generosamente una sartén o plancha antiadherente con aceite vegetal y caliéntela a fuego medio.

f) Una vez que la sartén esté caliente, agrega la masa usando una taza medidora de $\frac{1}{4}$ de taza y vierte la masa en la sartén para hacer el panqueque. Usa la taza medidora para ayudar a darle forma al panqueque.

g) Cocine hasta que los lados parezcan listos y se formen burbujas en el medio (aproximadamente de 2 a 3 minutos), luego voltee el panqueque.

h) Una vez que el panqueque esté cocido por ese lado, retírelo del fuego y colóquelo en un plato.

i) Continúe estos pasos con el resto de la masa. Sirva con fresas, si lo desea.

57. Panqueques de avena

Ingredientes:

- 1¾ tazas de avena tradicional en hojuelas
- 1½ cucharadita de polvo para hornear
- 1 cucharadita de bicarbonato de sodio
- ½ cucharadita de canela
- ¼ cucharadita de sal
- 2 cucharadas de aceite de coco, derretido
- 1 cucharada de jarabe de arce
- 1 huevo grande
- 1 cucharadita de extracto de vainilla
- 1½ tazas de leche baja en grasa al 2%
- Fresas y arándanos, para servir (opcional)

Instrucciones

a) Añade todos los ingredientes a una licuadora. El aceite de coco derretido puede endurecerse al combinarse con ingredientes más fríos, por lo que puedes calentar un poco la leche para evitar que esto suceda si lo deseas.

b) Licuar todo hasta obtener un líquido homogéneo.

c) Vierta la mezcla de panqueques en un tazón grande.

d) Deje reposar la masa durante 5 a 10 minutos. Esto permite que todos los ingredientes se integren y le da a la masa una mejor consistencia.

e) Rocíe generosamente una sartén o plancha antiadherente con aceite vegetal y caliéntela a fuego medio.

f) Una vez que la sartén esté caliente, agrega la masa usando una taza medidora de $\frac{1}{4}$ de taza y vierte la masa en la sartén para hacer el panqueque. Usa la taza medidora para ayudar a darle forma al panqueque.

g) Cocine hasta que los lados parezcan listos y se formen burbujas en el medio (aproximadamente de 2 a 3 minutos), luego voltee el panqueque.

h) Una vez que el panqueque esté cocido por ese lado, retírelo del fuego y colóquelo en un plato.

i) Continúe estos pasos con el resto de la masa. Sirva con frutos rojos, si lo desea.

58. Panqueques de 3 ingredientes

Ingredientes:

- 1 plátano maduro y un poco más para servir
- 2 huevos grandes
- ½ cucharadita de polvo para hornear

Instrucciones

a) Añade el plátano a un bol y tritúralo hasta que quede una mezcla agradable y cremosa, sin grumos.

b) Casca los huevos en otro bol y bátelos hasta que estén bien mezclados.

c) Añade el polvo para hornear al bol de plátano y luego vierte los huevos. Bate hasta que todo esté completamente combinado.

d) Rocíe generosamente una sartén o plancha antiadherente con aceite vegetal y caliéntela a fuego medio.

e) Una vez que la sartén esté caliente, agregue 2 cucharadas de masa a la sartén para hacer el panqueque.

f) Cocine hasta que los lados parezcan listos (no verá ninguna burbuja), luego voltee el panqueque con cuidado.

g) Una vez que el panqueque esté cocido por ese lado, retírelo del fuego y colóquelo en un plato.

h) Continúe estos pasos con el resto de la masa. Sirva con rodajas de plátano, si lo desea.

59. Panqueques de mantequilla de almendras

Ingredientes:

- 1 huevo grande
- 1 cucharada de aceite de coco, derretido
- 1 cucharada de jarabe de arce
- 1 cucharada de mantequilla de almendras, y un poco más para servir
- 1 cucharadita de polvo para hornear
- $\frac{1}{2}$ cucharadita de extracto de vainilla
- $\frac{1}{4}$ cucharadita de sal
- $\frac{1}{2}$ taza de leche baja en grasa al 2%
- $\frac{3}{4}$ taza de harina de espelta
- Cerezas, para servir (opcional)

Instrucciones

a) En un tazón grande, agregue el huevo, el aceite de coco, el jarabe de arce, la mantequilla de almendras, el polvo para hornear, la vainilla y la sal, luego bata para combinar bien.

b) Añade la leche a la mezcla y vuelve a batir para combinar.

c) Añade la harina a la mezcla y bate para combinar bien los ingredientes.

d) Deje reposar la masa durante 2 o 3 minutos. Esto permite que la masa se espese y se integren todos los ingredientes.

e) Rocíe generosamente una sartén o plancha antiadherente con aceite vegetal y caliéntela a fuego medio.

f) Una vez que la sartén esté caliente, agrega la masa usando una taza medidora de $\frac{1}{4}$ de taza y vierte la masa en la sartén para hacer el panqueque. Usa la taza medidora para ayudar a darle forma al panqueque.

g) Cocine hasta que los lados parezcan listos y se formen burbujas en el medio (aproximadamente de 2 a 3 minutos), luego voltee el panqueque.

h) Una vez que el panqueque esté cocido por ese lado, retírelo del fuego y colóquelo en un plato.

i) Continúe estos pasos con el resto de la masa.

j) Sirva los panqueques con mantequilla de almendras derretida y cerezas, si lo desea. Para derretir la mantequilla de almendras, saque la cantidad deseada en un recipiente apto para microondas y caliéntela a temperatura alta en intervalos de 30 segundos hasta que se derrita. Revuelva entre cada calentamiento.

60. Panqueques de tiramisú

Ingredientes:

- $1\frac{3}{4}$ tazas de avena tradicional en hojuelas
- $1\frac{1}{2}$ cucharada de mezcla para pudín de gelatina de vainilla sin azúcar
- 2 cucharaditas de café espresso instantáneo
- $1\frac{1}{2}$ cucharadita de cacao en polvo
- $1\frac{1}{2}$ cucharadita de polvo para hornear
- 1 cucharadita de bicarbonato de sodio
- $\frac{1}{2}$ cucharadita de canela
- $\frac{1}{4}$ cucharadita de sal
- 2 cucharadas de aceite de coco, derretido
- 1 cucharada de jarabe de arce
- 1 huevo grande
- 1 cucharadita de extracto de vainilla
- 1 taza de leche baja en grasa al 2%
- Crema batida, para servir
- Virutas de chocolate para servir

Instrucciones

a) Añade todos los ingredientes, excepto la crema batida y las virutas de chocolate, a una licuadora. El aceite de coco derretido puede endurecerse al combinarse con ingredientes más fríos, por lo que puedes calentar un poco la leche para evitar que esto suceda si lo deseas.

b) Licuar todo hasta obtener un líquido homogéneo.

c) Vierta la mezcla de panqueques en un tazón grande.

d) Deje reposar la masa durante 2 o 3 minutos. Esto permite que todos los ingredientes se integren y le da a la masa una mejor consistencia.

e) Rocíe generosamente una sartén o plancha antiadherente con aceite vegetal y caliéntela a fuego medio.

f) Una vez que la sartén esté caliente, agrega la masa usando una taza medidora de $\frac{1}{4}$ de taza y vierte la masa en la sartén para hacer el panqueque. Usa la taza medidora para ayudar a darle forma al panqueque.

g) Cocine hasta que los lados parezcan listos y se formen burbujas en el medio (aproximadamente de 2 a 3 minutos), luego voltee el panqueque.

h) Una vez que el panqueque esté cocido por ese lado, retírelo del fuego y colóquelo en un plato.

i) Continúe estos pasos con el resto de la masa.

j) Cubrir con crema batida y virutas de chocolate.

61. Panqueques de limón y arándanos

Ingredientes:

- $1\frac{1}{2}$ tazas de harina de espelta
- $1\frac{1}{2}$ cucharadita de polvo para hornear
- 1 cucharadita de bicarbonato de sodio
- $\frac{1}{2}$ cucharadita de sal
- Ralladura de 1 limón
- 2 cucharadas de aceite de coco, derretido
- 2 huevos grandes batidos
- $\frac{1}{4}$ taza de leche baja en grasa al 2%
- $\frac{1}{4}$ de taza de jarabe de arce, más para servir
- $1\frac{1}{4}$ tazas de kéfir natural (ligeramente calentado)
- $\frac{1}{2}$ taza de arándanos

Instrucciones

a) Añade la harina, el polvo para hornear, el bicarbonato de sodio y la sal a un tazón grande y bate hasta combinar bien.

b) Añade el aceite de coco, los huevos, la leche, el jarabe de arce, la ralladura de limón y el kéfir a un bol y bate para mezclar. El aceite de coco derretido puede endurecerse al combinarse con ingredientes más fríos, por lo que puedes calentar ligeramente el kéfir para evitar que esto suceda si lo deseas.

c) Vierta los ingredientes húmedos en los ingredientes secos y bata para combinar hasta que todos los ingredientes estén húmedos.

d) Deje reposar la masa durante 2 o 3 minutos. Esto permite que todos los ingredientes se integren y le da a la masa una mejor consistencia.

e) Rocíe generosamente una sartén o plancha antiadherente con aceite vegetal y caliéntela a fuego medio.

f) Una vez que la sartén esté caliente, agrega la masa usando una taza medidora de $\frac{1}{4}$ de taza y vierte la masa en la sartén para hacer el panqueque. Usa la taza medidora para ayudar a darle forma al panqueque.

g) Coloque de 3 a 5 arándanos en cada panqueque. Mantenga los arándanos hacia el centro para que sea más fácil dar vuelta el panqueque.

h) Cocine hasta que los lados parezcan listos y se formen burbujas en el medio (aproximadamente de 2 a 3 minutos), luego voltee el panqueque.

i) Una vez que el panqueque esté cocido por ese lado, retírelo del fuego y colóquelo en un plato.

j) Continúe estos pasos con el resto de la masa. Sirva con jarabe de arce.

62. Panqueques de quinoa

Ingredientes:

- 1 taza (de cualquier color) de quinua cocida
- $\frac{3}{4}$ taza de harina de quinua
- 2 cucharaditas de polvo para hornear
- $\frac{1}{2}$ cucharadita de sal
- 1 cucharada de mantequilla derretida
- $\frac{1}{4}$ taza de yogur griego
- 2 cucharadas de leche baja en grasa al 2%
- 2 huevos grandes batidos
- 2 cucharadas de jarabe de arce
- 1 cucharadita de extracto de vainilla
- Conservas de frutas, para servir (opcional)

Instrucciones

a) En un tazón grande, agregue la quinua, la harina, el polvo para hornear y la sal y bata hasta combinar bien.

b) En otro bol, bate la mantequilla, el yogur, la leche, los huevos, el jarabe de arce y la vainilla. Bate todo hasta que se integre bien.

c) Añade los ingredientes húmedos a los ingredientes secos y bate hasta que estén bien combinados.

d) Deje reposar la masa durante 2 o 3 minutos. Esto permite que todos los ingredientes se integren y le da a la masa una mejor consistencia.

e) Rocíe generosamente una sartén o plancha antiadherente con aceite vegetal y caliéntela a fuego medio.

f) Una vez que la sartén esté caliente, agrega la masa usando una taza medidora de $\frac{1}{4}$ de taza y vierte la masa en la sartén para hacer el panqueque. Usa la taza medidora para ayudar a darle forma al panqueque.

g) Cocine hasta que los lados parezcan listos y se formen burbujas en el medio (aproximadamente de 2 a 3 minutos), luego voltee el panqueque.

h) Una vez que el panqueque esté cocido por ese lado, retírelo del fuego y colóquelo en un plato.

i) Continúe estos pasos con el resto de la masa. Sirva con mermelada de frutas, si lo desea.

63. Panqueques de avena con yogur griego

Ingredientes:

- 1¾ tazas de avena tradicional en hojuelas
- 1½ cucharadita de polvo para hornear
- 1 cucharadita de bicarbonato de sodio
- ½ cucharadita de canela
- ¼ cucharadita de sal
- 1 huevo grande
- 2 cucharadas de aceite de coco, derretido
- 1 cucharada de jarabe de arce, y más para servir
- 1 cucharadita de extracto de vainilla
- 1 taza de yogur griego natural
- ¼ taza de leche baja en grasa al 2%

Instrucciones

a) Añade todos los ingredientes a una licuadora. El aceite de coco derretido puede endurecerse al combinarse con ingredientes más fríos, por lo que puedes calentar un poco la leche para evitar que esto suceda si lo deseas.

b) Licuar todo hasta obtener un líquido homogéneo.

c) Vierta la mezcla de panqueques en un tazón grande.

d) Deje reposar la masa durante 5 a 10 minutos. Esto permite que todos los ingredientes se integren y le da a la masa una mejor consistencia.

e) Rocíe generosamente una sartén o plancha antiadherente con aceite vegetal y caliéntela a fuego medio.

f) Una vez que la sartén esté caliente, agrega la masa usando una taza medidora de $\frac{1}{4}$ de taza y vierte la masa en la sartén para hacer el panqueque. Usa la taza medidora para ayudar a darle forma al panqueque.

g) Cocine hasta que los lados parezcan listos y se formen burbujas en el medio (aproximadamente 2 minutos), luego voltee el panqueque.

h) Una vez que el panqueque esté cocido por ese lado, retírelo del fuego y colóquelo en un plato.

i) Continúe estos pasos con el resto de la masa. Sirva con jarabe de arce.

64. Panqueques de jengibre

Ingredientes:

Cubierta

- ¼ taza de yogur griego natural
- 1 cucharada de jarabe de arce

Panqueques

- 1 taza de harina de espelta
- 1 cucharadita de bicarbonato de sodio
- 1 cucharadita de jengibre molido
- 1 cucharadita de pimienta de Jamaica molida
- 1 cucharadita de canela
- ¼ de cucharadita de clavo molido
- ¼ cucharadita de sal
- 1 huevo grande
- ½ taza de leche baja en grasa al 2%
- 3 cucharadas de jarabe de arce
- 1 cucharadita de extracto de vainilla

Instrucciones

a) Mezcle el yogur griego y el jarabe de arce hasta que estén bien combinados y reserve.

b) En un tazón grande, agregue la harina de espelta, el bicarbonato de sodio, el jengibre, la pimienta de Jamaica, la canela, el clavo de olor y la sal y bata hasta combinar bien.

c) En otro recipiente, bata el huevo, la leche, el jarabe de arce y la vainilla hasta que estén bien combinados.

d) Añade los ingredientes húmedos a los ingredientes secos y bate hasta que estén bien combinados.

e) Deje reposar la masa durante 2 o 3 minutos. Esto permite que todos los ingredientes se integren y le da a la masa una mejor consistencia.

f) Rocíe generosamente una sartén o plancha antiadherente con aceite vegetal y caliéntela a fuego medio.

g) Una vez que la sartén esté caliente, agregue la masa usando una taza medidora de $\frac{1}{4}$ de taza y vierta la masa en la sartén para hacer el panqueque.

h) Cocine hasta que los lados parezcan firmes y se formen burbujas en el medio.

i) Una vez que el panqueque esté cocido por ese lado, retírelo del fuego y colóquelo en un plato.

j) Continúe estos pasos con el resto de la masa. Sirva con la cobertura de yogur.

65. Panqueques de yogur griego

Ingredientes:

- 1 taza de harina de espelta
- $\frac{1}{2}$ cucharadita de polvo para hornear
- $\frac{1}{2}$ cucharadita de bicarbonato de sodio
- $\frac{3}{4}$ taza de yogur griego natural
- $\frac{1}{2}$ taza + 2 cucharadas de leche baja en grasa al 2%
- 1 huevo grande
- 2 cucharadas de jarabe de arce

Instrucciones

a) Añade la harina, el polvo para hornear y el bicarbonato de sodio a un bol y bate para combinar.

b) En otro recipiente, bata el yogur, la leche, el huevo y el jarabe de arce hasta que estén bien combinados.

c) Añade los ingredientes húmedos a los ingredientes secos y bate hasta que estén bien combinados.

d) Deje reposar la masa durante 2 o 3 minutos. Esto permite que todos los ingredientes se integren y le da a la masa una mejor consistencia.

e) Rocíe generosamente una sartén o plancha antiadherente con aceite vegetal y caliéntela a fuego medio.

f) Una vez que la sartén esté caliente, agrega la masa usando una taza medidora de $\frac{1}{4}$ de taza y vierte la masa en la sartén para hacer el panqueque. Usa la taza medidora para ayudar a darle forma al panqueque.

g) Cocine hasta que los lados parezcan listos y se formen burbujas en el medio (aproximadamente de 2 a 3 minutos), luego voltee el panqueque.

h) Una vez que el panqueque esté cocido por ese lado, retírelo del fuego y colóquelo en un plato.

i) Continúe estos pasos con el resto de la masa.

66. Panqueques de galletas de avena y pasas

Ingredientes:

Cubierta

- $\frac{1}{2}$ taza de azúcar en polvo
- 1 cucharada de leche baja en grasa al 2%

Panqueques

- $1\frac{3}{4}$ tazas de avena tradicional en hojuelas
- 2 cucharadas de azúcar moreno
- $1\frac{1}{2}$ cucharadita de polvo para hornear
- 1 cucharadita de bicarbonato de sodio
- $\frac{1}{2}$ cucharadita de canela
- $\frac{1}{4}$ cucharadita de sal
- 2 cucharadas de aceite de coco, derretido
- 1 cucharadita de extracto de vainilla
- 1 taza de leche baja en grasa al 2%
- ⅓ taza de pasas doradas picadas

Instrucciones

Para la cobertura

a) En un bol pequeño, mezcle el azúcar en polvo y la leche hasta que la mezcla quede homogénea. Reserve.

b) Para los panqueques

c) Añade todos los ingredientes, excepto las pasas, a la licuadora. El aceite de coco derretido puede endurecerse al combinarse con ingredientes más fríos, por lo que puedes calentar un poco la leche para evitar que esto suceda si lo deseas.

d) Licuar todo hasta obtener un líquido homogéneo.

e) Vierta la mezcla de panqueques en un tazón grande.

f) Incorpore las pasas picadas.

g) Deje reposar la masa durante 5 a 10 minutos. Esto permite que todos los ingredientes se integren y le da a la masa una mejor consistencia.

h) Rocíe generosamente una sartén o plancha antiadherente con aceite vegetal y caliéntela a fuego medio.

i) Una vez que la sartén esté caliente, agrega la masa usando una taza medidora de $\frac{1}{4}$ de taza y vierte la masa en la sartén para hacer el panqueque. Usa la taza medidora para ayudar a darle forma al panqueque.

j) Cocine hasta que los lados parezcan listos y se formen burbujas en el medio (aproximadamente de 2 a 3 minutos), luego voltee el panqueque.

k) Una vez que el panqueque esté cocido por ese lado, retírelo del fuego y colóquelo en un plato.

l) Continúe estos pasos con el resto de la masa.

m) Cubrir con cobertura de azúcar.

67. Panqueques de mantequilla de maní y mermelada

Ingredientes:

- 1½ tazas de harina de espelta
- ¾ taza de mantequilla de maní en polvo
- 1½ cucharadita de polvo para hornear
- 1 cucharadita de bicarbonato de sodio
- ½ cucharadita de sal
- 2 huevos grandes batidos
- 1 cucharada de mantequilla derretida
- 1½ tazas de leche baja en grasa al 2%
- Mermelada de uva Concord, para servir

Instrucciones

a) Agregue la harina, la mantequilla de maní en polvo, el polvo para hornear, el bicarbonato de sodio y la sal a un tazón y bata para combinar.

b) En otro recipiente, bata los huevos, la mantequilla y la leche hasta que estén bien mezclados.

c) Añade los ingredientes húmedos a los ingredientes secos y bate hasta que estén bien combinados.

d) Deje reposar la masa durante 2 o 3 minutos. Esto permite que todos los

ingredientes se integren y le da a la masa una mejor consistencia.

e) Rocíe generosamente una sartén o plancha antiadherente con aceite vegetal y caliéntela a fuego medio.

f) Una vez que la sartén esté caliente, agrega la masa usando una taza medidora de $\frac{1}{4}$ de taza y vierte la masa en la sartén para hacer el panqueque. Usa la taza medidora para ayudar a darle forma al panqueque.

g) Cocine hasta que los lados parezcan listos y se formen burbujas en el medio (aproximadamente de 2 a 3 minutos), luego voltee el panqueque.

h) Una vez que el panqueque esté cocido por ese lado, retírelo del fuego y colóquelo en un plato.

i) Continúe estos pasos con el resto de la masa. Cubra con la mermelada de uva.

68. Panqueques de tocino

Ingredientes:

- 8 rebanadas de tocino cortadas en el centro
- $1\frac{1}{2}$ tazas de harina de espelta
- $1\frac{1}{2}$ cucharadita de polvo para hornear
- 1 cucharadita de bicarbonato de sodio
- $\frac{1}{2}$ cucharadita de sal
- 2 huevos grandes batidos
- 1 cucharada de mantequilla derretida
- 1 cucharadita de extracto de vainilla
- $1\frac{1}{4}$ tazas de leche baja en grasa al 2%
- $\frac{1}{4}$ taza de jarabe de arce

Instrucciones

a) Precaliente el horno a 350°F.

b) Coloca el tocino en una sola capa sobre una bandeja para hornear con borde cubierta con papel pergamino. Esto hace que la limpieza sea mucho más fácil.

c) Desliza el tocino en el horno y cocínalo durante 30 minutos o hasta que esté listo.

d) Retire el tocino del horno y colóquelo en un plato forrado con papel toalla para que se enfríe.

e) En un bol grande, añade la harina, el polvo para hornear, el bicarbonato de sodio y la sal. Bate para combinar los ingredientes.

f) En otro recipiente, agregue los huevos, la mantequilla, la vainilla, la leche y el jarabe de arce y bata para combinar los ingredientes.

g) Añade los ingredientes húmedos a los ingredientes secos y bate hasta combinar todo bien.

h) Deje reposar la masa durante 2 o 3 minutos. Esto permite que todos los

ingredientes se integren y le da a la masa una mejor consistencia.

i) Rocíe generosamente una sartén o plancha antiadherente con aceite vegetal y caliéntela a fuego medio.

j) Una vez que la sartén esté caliente, coloque una tira de tocino sobre ella. Vierta $\frac{1}{4}$ de taza de masa sobre el tocino. Extienda la masa uniformemente sobre el tocino y también sobre los lados del tocino.

k) Cocínelos hasta que los lados parezcan listos y luego dé vuelta el panqueque para cocinarlo. Puede notar que estos panqueques se cocinan un poco más rápido del lado del tocino.

l) Una vez que el panqueque esté cocido por ese lado, retírelo del fuego y colóquelo en un plato.

m) Continúe estos pasos con el resto de la masa.

69. Panqueques de frambuesa y almendras

Ingredientes:

- 1½ tazas de frambuesas congeladas, descongeladas
- 2 cucharadas de miel
- 1½ tazas de harina de almendras
- 1 cucharadita de polvo para hornear
- ¼ cucharadita de sal
- ¼ cucharadita de canela
- 2 huevos grandes batidos
- ¼ taza de leche baja en grasa al 2%
- 1 cucharada de jarabe de arce
- 1 cucharadita de extracto de vainilla

Instrucciones

a) Mezcla las frambuesas con la miel. Mientras mezclas la fruta, tritúrala también para extraer más líquido.

b) Vierta la cobertura de frambuesa en una bolsa de sándwich, ciérrela y reserve.

c) Para los panqueques

d) Añade la harina, el polvo para hornear, la sal y la canela a un bol y bate hasta combinar bien.

e) En un recipiente aparte, mezcle los ingredientes restantes.

f) Añade los ingredientes húmedos a los ingredientes secos y bate hasta combinarlos bien.

g) Deje reposar la masa durante 5 a 10 minutos. Esto permite que todos los ingredientes se integren y le da a la masa una mejor consistencia.

h) Rocíe generosamente una sartén o plancha antiadherente con aceite vegetal y caliéntela a fuego medio-alto.

i) Una vez que la sartén esté caliente, agrega la masa usando una taza medidora de $\frac{1}{4}$ de taza y vierte la masa en la sartén para hacer el panqueque. Extiende suavemente la masa en forma redonda con la taza medidora.

j) Corta una esquina de la bolsa que contiene la cobertura de frambuesa y rocía un poco sobre la parte superior del panqueque. Usa un palillo para arrastrar las frambuesas por la base del panqueque.

k) Cocine hasta que los lados parezcan listos y se formen burbujas en el medio (aproximadamente de 2 a 3 minutos), luego voltee el panqueque.

l) Una vez que el panqueque esté cocido por ese lado, retírelo del fuego y colóquelo en un plato.

m) Continúe estos pasos con el resto de la masa.

n) Cubrir con el resto de la cobertura de frambuesa.

70. Panqueques de maní, plátano y chocolate

Ingredientes:

- 1 taza de harina de espelta
- $\frac{1}{4}$ taza de mantequilla de maní en polvo
- $\frac{1}{2}$ cucharadita de polvo para hornear
- $\frac{1}{2}$ cucharadita de bicarbonato de sodio
- $\frac{3}{4}$ taza de yogur griego natural
- 1 plátano mediano maduro, machacado, y un poco más para servir (opcional)
- $\frac{1}{4}$ de taza + 2 cucharadas de leche baja en grasa al 2%
- 1 huevo grande
- 2 cucharadas de jarabe de arce
- $\frac{1}{2}$ taza de chispas de chocolate, más para servir (opcional)
- Mantequilla de maní, para servir (opcional)

Instrucciones

a) Añade la harina, la mantequilla de maní en polvo, el polvo para hornear y el bicarbonato de sodio a un tazón y bate para combinar.

b) En otro recipiente, bata el yogur, el plátano machacado, la leche, el huevo y el jarabe de arce hasta que se combinen.

c) Añade los ingredientes húmedos a los ingredientes secos y bate hasta que estén bien combinados.

d) Incorpore las chispas de chocolate.

e) Deje reposar la masa durante 2 o 3 minutos. Esto permite que todos los ingredientes se integren y le da a la masa una mejor consistencia.

f) Rocíe generosamente una sartén o plancha antiadherente con aceite vegetal y caliéntela a fuego medio.

g) Una vez que la sartén esté caliente, agrega la masa usando una taza medidora de $\frac{1}{4}$ de taza y vierte la masa en la sartén para hacer el panqueque. Usa la taza medidora para ayudar a darle forma al panqueque.

h) Cocine hasta que los lados parezcan listos y se formen burbujas en el medio (aproximadamente de 2 a 3 minutos), luego voltee el panqueque.

i) Una vez que el panqueque esté cocido por ese lado, retírelo del fuego y colóquelo en un plato.

j) Continúe estos pasos con el resto de la masa.

71. Panqueques de vainilla y coco

Ingredientes:

Cobertura de vainilla y coco

- 1 taza de leche de coco entera enlatada
- $\frac{1}{4}$ taza de jarabe de arce
- $1\frac{1}{2}$ cucharadita de extracto de vainilla
- Una pizca pequeña de sal

Panqueques

- $1\frac{1}{2}$ tazas de harina de espelta
- $\frac{1}{4}$ de taza de coco rallado sin azúcar, tostado (y un poco más para servir)
- $1\frac{1}{2}$ cucharadita de polvo para hornear
- 1 cucharadita de bicarbonato de sodio
- $\frac{1}{2}$ cucharadita de sal
- 2 huevos grandes batidos
- 2 cucharadas de aceite de coco, derretido
- 1 cucharada de extracto de vainilla
- $\frac{1}{4}$ taza de jarabe de arce
- $\frac{1}{4}$ de taza de leche de coco entera enlatada
- $1\frac{1}{4}$ tazas de kéfir natural

Instrucciones

a) Añade todos los ingredientes en una cacerola pequeña y calienta a fuego medio.

b) Bate de vez en cuando y cocina hasta que la mezcla comience a espesarse (aproximadamente 7 minutos).

c) Retirar del fuego para dejar enfriar un poco.

d) Para los panqueques

e) En un bol grande, añade la harina, el coco, el polvo para hornear, el bicarbonato de sodio y la sal. Mezcla bien los ingredientes.

f) En otro recipiente, agrega los huevos, el aceite de coco, la vainilla, el jarabe de arce, la leche de coco y el kéfir y bate para combinar los ingredientes. El aceite de coco derretido puede endurecerse cuando se combina con ingredientes más fríos, por lo que puedes calentar ligeramente el kéfir para ayudar a evitar que esto suceda si lo deseas.

g) Añade los ingredientes húmedos a los ingredientes secos y bate hasta combinar todo bien.

h) Deje reposar la masa durante 2 o 3 minutos. Esto permite que todos los ingredientes se integren y le da a la masa una mejor consistencia.

i) Rocíe generosamente una sartén o plancha antiadherente con aceite vegetal y caliéntela a fuego medio.

j) Una vez que la sartén esté caliente, agrega la masa usando una taza medidora de $\frac{1}{4}$ de taza y vierte la masa en la sartén para hacer el panqueque. Usa la taza medidora para ayudar a darle forma al panqueque.

k) Cocine hasta que los lados parezcan listos y se formen burbujas en el medio (aproximadamente de 2 a 3 minutos), luego voltee el panqueque.

l) Una vez que el panqueque esté cocido por ese lado, retírelo del fuego y colóquelo en un plato.

m) Continúe estos pasos con el resto de la masa.

n) Coloque la cobertura de vainilla y coco sobre los panqueques y espolvoree con el coco tostado antes de servir.

72. Panqueques de chocolate, coco y almendras

Ingredientes:

- $1\frac{1}{2}$ tazas de harina de almendras
- $\frac{1}{2}$ taza de coco rallado, sin azúcar y tostado
- 1 cucharadita de polvo para hornear
- 1 cucharadita de bicarbonato de sodio
- $\frac{1}{4}$ cucharadita de sal
- 2 huevos grandes batidos
- $\frac{1}{2}$ taza de leche de coco entera enlatada
- 1 cucharada de jarabe de arce, y un poco más para servir
- 1 cucharadita de extracto de vainilla
- $\frac{1}{2}$ taza de chispas de chocolate
- Coco tostado, almendras tostadas y chocolate rallado, para servir.

Instrucciones

a) Añade la harina, el coco rallado, el polvo para hornear, el bicarbonato de sodio y la sal a un bol y bate hasta combinar bien.

b) En un recipiente aparte, bata los huevos, la leche de coco, el jarabe de arce y la vainilla.

c) Añade los ingredientes húmedos a los ingredientes secos y bate hasta combinarlos bien.

d) Incorpore las chispas de chocolate.

e) Deje reposar la masa durante 5 a 10 minutos. Esto permite que todos los ingredientes se integren y le da a la masa una mejor consistencia.

f) Rocíe generosamente una sartén o plancha antiadherente con aceite vegetal y caliéntela a fuego medio.

g) Una vez que la sartén esté caliente, agrega la masa usando una taza medidora de $\frac{1}{4}$ de taza y vierte la masa en la sartén para hacer el panqueque. Usa la taza medidora para ayudar a darle forma al panqueque.

h) Cocine hasta que los lados parezcan listos y se formen burbujas en el medio (aproximadamente de 2 a 3 minutos), luego voltee el panqueque.

i) Una vez que el panqueque esté cocido por ese lado, retírelo del fuego y colóquelo en un plato.

j) Continúe estos pasos con el resto de la masa.

k) Cúbrelo con coco tostado, almendras tostadas, chocolate rallado y un chorrito más de jarabe de arce, si lo deseas.

73. Panqueques de tarta de fresa

Ingredientes:

- $1\frac{3}{4}$ tazas de avena tradicional en hojuelas
- $1\frac{1}{2}$ cucharadita de polvo para hornear
- 1 cucharadita de bicarbonato de sodio
- $\frac{1}{2}$ cucharadita de canela
- $\frac{1}{4}$ cucharadita de sal
- 2 cucharadas de aceite de coco, derretido
- 1 cucharada de jarabe de arce
- 1 huevo grande
- 1 cucharadita de extracto de vainilla
- $1\frac{1}{2}$ tazas de leche baja en grasa al 2%
- 1 taza de fresas en rodajas finas
- Crema batida y fresas para servir

Instrucciones

a) Añade todos los ingredientes, excepto las fresas, a una licuadora. El aceite de coco derretido puede endurecerse al combinarse con ingredientes más fríos, por lo que puedes calentar un poco la leche para evitar que esto suceda si lo deseas.

b) Licuar todo hasta obtener un líquido homogéneo.

c) Vierta la mezcla de panqueques en un tazón grande.

d) Deje reposar la masa durante 5 a 10 minutos. Esto permite que todos los ingredientes se integren y le da a la masa una mejor consistencia.

e) Rocíe generosamente una sartén o plancha antiadherente con aceite vegetal y caliéntela a fuego medio.

f) Una vez que la sartén esté caliente, agrega la masa usando una taza medidora de $\frac{1}{4}$ de taza y vierte la masa en la sartén para hacer el panqueque. Usa la taza medidora para ayudar a darle forma al panqueque. Coloca las fresas cortadas en rodajas en una sola capa en la masa.

g) Cocínelos hasta que los lados parezcan estar listos y se formen burbujas en el medio (aproximadamente 2 minutos), luego dé vuelta el panqueque. Es posible que deba dejarlos cocinar un poco más del primer lado para que no se desarmen al darles vuelta. Las fresas son pesadas y pueden hacer que los panqueques se rompan si no están completamente listos del primer lado.

h) Una vez que el panqueque esté cocido por ese lado, retírelo del fuego y colóquelo en un plato.

i) Continúe estos pasos con el resto de la masa.

j) Para servir, cubra los panqueques con crema batida y cubra con fresas.

74. Panqueques con mantequilla de maní

Ingredientes:

- $1\frac{3}{4}$ tazas de avena tradicional en hojuelas
- $\frac{1}{4}$ taza de mantequilla de maní en polvo
- $1\frac{1}{2}$ cucharadita de polvo para hornear
- 1 cucharadita de bicarbonato de sodio
- $\frac{1}{2}$ cucharadita de canela
- $\frac{1}{4}$ cucharadita de sal
- 2 cucharadas de aceite de coco, derretido
- 1 cucharada de jarabe de arce
- 1 huevo grande
- 1 cucharadita de extracto de vainilla
- $1\frac{1}{2}$ tazas de leche baja en grasa al 2%
- $\frac{1}{2}$ taza de chispas de chocolate

Instrucciones

a) Añade todos los ingredientes, excepto las chispas de chocolate, a una licuadora. El aceite de coco derretido puede endurecerse al combinarse con ingredientes más fríos, por lo que puedes calentar un poco la leche para evitar que esto suceda si lo deseas.

b) Licuar todo hasta obtener un líquido homogéneo.

c) Vierta la masa de panqueques en un tazón grande.

d) Incorpore las chispas de chocolate.

e) Deje reposar la masa durante 5 a 10 minutos. Esto permite que todos los ingredientes se integren y le da a la masa una mejor consistencia.

f) Rocíe generosamente una sartén o plancha antiadherente con aceite vegetal y caliéntela a fuego medio.

g) Una vez que la sartén esté caliente, agrega la masa usando una taza medidora de $\frac{1}{4}$ de taza y vierte la masa en la sartén para hacer el panqueque. Usa la taza medidora para ayudar a darle forma al panqueque.

h) Cocine hasta que los lados parezcan listos y se formen burbujas en el medio (aproximadamente de 2 a 3 minutos), luego voltee el panqueque.

i) Una vez que el panqueque esté cocido por ese lado, retírelo del fuego y colóquelo en un plato.

j) Continúe estos pasos con el resto de la masa.

75. Panqueques de chocolate mexicanos

Ingredientes:

- 1 taza de harina de espelta
- $\frac{1}{4}$ taza de cacao sin azúcar
- 1 cucharadita de canela
- $\frac{1}{2}$ cucharadita de polvo para hornear
- $\frac{1}{2}$ cucharadita de bicarbonato de sodio
- $\frac{3}{4}$ taza de yogur griego natural
- $\frac{1}{4}$ de taza + 2 cucharadas de leche baja en grasa al 2%
- 1 huevo grande
- 2 cucharadas de jarabe de arce

Instrucciones

a) Añade la harina, el cacao, la canela, el polvo para hornear y el bicarbonato de sodio a un bol y bate para combinar.

b) En otro recipiente, bata el yogur, la leche, el huevo y el jarabe de arce hasta que estén bien combinados.

c) Añade los ingredientes húmedos a los ingredientes secos y bate hasta que estén bien combinados.

d) Deje reposar la masa durante 2 o 3 minutos. Esto permite que todos los

ingredientes se integren y le da a la masa una mejor consistencia.

e) Rocíe generosamente una sartén o plancha antiadherente con aceite vegetal y caliéntela a fuego medio.

f) Una vez que la sartén esté caliente, agrega la masa usando una taza medidora de $\frac{1}{4}$ de taza y vierte la masa en la sartén para hacer el panqueque. Usa la taza medidora para ayudar a darle forma al panqueque.

g) Cocine hasta que los lados parezcan listos y se formen burbujas en el medio (aproximadamente de 2 a 3 minutos), luego voltee el panqueque.

h) Una vez que el panqueque esté cocido por ese lado, retírelo del fuego y colóquelo en un plato.

i) Continúe estos pasos con el resto de la masa.

76. Panqueques sorpresa de cumpleaños

Ingredientes:

- 1 taza de harina de espelta
- 2 cucharadas de mezcla para pudín de vainilla sin azúcar
- $\frac{1}{2}$ cucharadita de polvo para hornear
- $\frac{1}{2}$ cucharadita de bicarbonato de sodio
- $\frac{3}{4}$ taza de yogur griego natural
- $\frac{1}{2}$ taza + 2 cucharadas de leche baja en grasa al 2%
- 1 huevo grande
- 2 cucharadas de jarabe de arce
- $\frac{1}{4}$ de taza de chispitas de colores, más un poco más para decorar (opcional)

Instrucciones

a) Añade la harina, el pudín, el polvo para hornear y el bicarbonato de sodio a un tazón y bate para combinar.

b) En otro recipiente, bata el yogur, la leche, el huevo y el jarabe de arce hasta que estén bien combinados.

c) Añade los ingredientes húmedos a los ingredientes secos y bate hasta que estén bien combinados.

d) Deje reposar la masa durante 2 o 3 minutos. Esto permite que todos los ingredientes se integren y le da a la masa una mejor consistencia.

e) Después de que la masa repose, agregue las chispas.

f) Rocíe generosamente una sartén o plancha antiadherente con aceite vegetal y caliéntela a fuego medio.

g) Una vez que la sartén esté caliente, agrega la masa usando una taza medidora de $\frac{1}{4}$ de taza y vierte la masa en la sartén para hacer el panqueque. Usa la taza medidora para ayudar a darle forma al panqueque.

h) Cocine hasta que los lados parezcan listos y se formen burbujas en el medio (aproximadamente de 2 a 3 minutos), luego voltee el panqueque.

i) Una vez que el panqueque esté cocido por ese lado, retírelo del fuego y colóquelo en un plato.

j) Continúe estos pasos con el resto de la masa.

77. Panqueques de monstruo verde

Ingredientes:

- 1½ tazas de harina de espelta
- 2 cucharadas de polvo de cáñamo
- 1 cucharada de espirulina en polvo
- 1½ cucharadita de polvo para hornear
- 1 cucharadita de bicarbonato de sodio
- ½ cucharadita de sal
- 2 cucharadas de aceite de coco, derretido
- 1½ cucharadas de miel
- 1 cucharada de extracto de vainilla
- 2 huevos grandes batidos
- ¼ de taza de leche de coco entera enlatada
- 1¼ tazas de kéfir natural (ligeramente calentado)

Instrucciones

a) Añade la harina de espelta, el polvo de cáñamo, el polvo de espirulina, el polvo de hornear, el bicarbonato de sodio y la sal a un bol y bate para combinar.

b) En otro recipiente, bate el aceite de coco, la miel, la vainilla, los huevos, la leche de coco y el kéfir hasta que estén bien combinados. El aceite de coco derretido puede endurecerse al combinarse con ingredientes más fríos, por lo que puedes calentar ligeramente el kéfir para ayudar a evitar que esto suceda si lo deseas.

c) Añade los ingredientes húmedos a los ingredientes secos y bate hasta que estén bien combinados.

d) Deje reposar la masa durante 2 o 3 minutos. Esto permite que todos los ingredientes se integren y le da a la masa una mejor consistencia.

e) Rocíe generosamente una sartén o plancha antiadherente con aceite vegetal y caliéntela a fuego medio.

f) Una vez que la sartén esté caliente, agrega la masa usando una taza medidora de $\frac{1}{4}$ de taza y vierte la masa en la sartén para hacer el panqueque. Usa la taza medidora para ayudar a darle forma al panqueque.

g) Cocine hasta que los lados parezcan listos y se formen burbujas en el medio

(aproximadamente de 2 a 3 minutos),
luego voltee el panqueque.

h) Una vez que el panqueque esté cocido por ese lado, retírelo del fuego y colóquelo en un plato.

i) Continúe estos pasos con el resto de la masa.

78. Panqueques de matcha y vainilla

Ingredientes:

- 1¾ tazas de avena tradicional en hojuelas
- 2 cucharadas de matcha en polvo sin azúcar
- 2 cucharadas de mezcla para pudín de vainilla sin azúcar
- 1½ cucharadita de polvo para hornear
- 1 cucharadita de bicarbonato de sodio
- ¼ cucharadita de sal
- 2 cucharadas de aceite de coco, derretido
- 1 cucharada de jarabe de arce
- 1 huevo grande
- 1 cucharadita de extracto de vainilla
- 1½ tazas de leche baja en grasa al 2%

Instrucciones

a) Añade todos los ingredientes a una licuadora. El aceite de coco derretido puede endurecerse al combinarse con ingredientes más fríos, por lo que puedes calentar un poco la leche para evitar que esto suceda si lo deseas.

b) Licuar todo hasta obtener un líquido homogéneo.

c) Vierta la mezcla de panqueques en un tazón grande.

d) Deje reposar la masa durante 5 a 10 minutos. Esto permite que todos los ingredientes se integren y le da a la masa una mejor consistencia.

e) Rocíe generosamente una sartén o plancha antiadherente con aceite vegetal y caliéntela a fuego medio.

f) Una vez que la sartén esté caliente, agrega la masa usando una taza medidora de $\frac{1}{4}$ de taza y vierte la masa en la sartén para hacer el panqueque. Usa la taza medidora para ayudar a darle forma al panqueque.

g) Cocine hasta que los lados parezcan listos y se formen burbujas en el medio (aproximadamente de 2 a 3 minutos), luego voltee el panqueque.

h) Una vez que el panqueque esté cocido por ese lado, retírelo del fuego y colóquelo en un plato.

i) Continúe estos pasos con el resto de la masa.

79. Panqueques de piña colada

Ingredientes:

- 1 taza de harina de espelta
- $\frac{1}{2}$ cucharadita de polvo para hornear
- $\frac{1}{2}$ cucharadita de bicarbonato de sodio
- $\frac{3}{4}$ taza de yogur griego natural
- $\frac{1}{2}$ taza + 2 cucharadas de leche de coco entera enlatada
- 1 huevo grande
- 2 cucharadas de jarabe de arce
- 1 cucharadita de extracto de vainilla
- $\frac{1}{2}$ taza de piña finamente picada

Instrucciones

a) Añade la harina, el polvo para hornear y el bicarbonato de sodio a un bol y bate para combinar.

b) En otro recipiente, bata el yogur, la leche de coco, el huevo, el jarabe de arce y la vainilla hasta que estén bien combinados.

c) Añade los ingredientes húmedos a los ingredientes secos y bate hasta que estén bien combinados.

d) Una vez que todo esté mezclado, agregue la piña.

e) Deje reposar la masa durante 2 o 3 minutos. Esto permite que todos los ingredientes se integren y le da a la masa una mejor consistencia.

f) Rocíe generosamente una sartén o plancha antiadherente con aceite vegetal y caliéntela a fuego medio.

g) Una vez que la sartén esté caliente, agrega la masa usando una taza medidora de $\frac{1}{4}$ de taza y vierte la masa en la sartén para hacer el panqueque. Usa la taza medidora para ayudar a darle forma al panqueque.

h) Cocine hasta que los lados parezcan listos y se formen burbujas en el medio (aproximadamente de 2 a 3 minutos), luego voltee el panqueque.

i) Una vez que el panqueque esté cocido por ese lado, retírelo del fuego y colóquelo en un plato.

j) Continúe estos pasos con el resto de la masa.

80. Panqueques de cerezas y almendras

Ingredientes:

- $1\frac{1}{2}$ tazas de harina de almendras
- 1 cucharadita de polvo para hornear
- 1 cucharadita de bicarbonato de sodio
- $\frac{1}{4}$ cucharadita de sal
- 2 huevos grandes batidos
- 1 cucharada de jarabe de arce
- 1 cucharadita de extracto de vainilla
- $\frac{1}{2}$ taza de leche de coco entera enlatada
- $\frac{1}{2}$ taza de cerezas dulces finamente picadas
- $\frac{1}{4}$ taza de almendras en rodajas

Instrucciones

a) Añade la harina, el polvo para hornear, el bicarbonato de sodio y la sal a un bol y bate hasta combinar bien.

b) En un recipiente aparte, bata los huevos, el jarabe de arce, la vainilla y la leche de coco.

c) Añade los ingredientes húmedos a los ingredientes secos y bate hasta combinarlos bien.

d) Ahora agregue las cerezas y las almendras y mezcle hasta que todo esté bien combinado.

e) Deje reposar la masa durante 5 a 10 minutos. Esto permite que todos los ingredientes se integren y le da a la masa una mejor consistencia.

f) Rocíe generosamente una sartén o plancha antiadherente con aceite vegetal y caliéntela a fuego medio-alto.

g) Una vez que la sartén esté caliente, agrega la masa usando una taza medidora de $\frac{1}{4}$ de taza y vierte la masa en la sartén para hacer el panqueque. Usa la taza medidora para ayudar a darle forma al panqueque.

h) Cocine hasta que los lados parezcan listos y se formen burbujas en el medio (aproximadamente de 2 a 3 minutos), luego voltee el panqueque.

i) Una vez que el panqueque esté cocido por ese lado, retírelo del fuego y colóquelo en un plato.

j) Continúe estos pasos con el resto de la masa.

81. Panqueques de lima

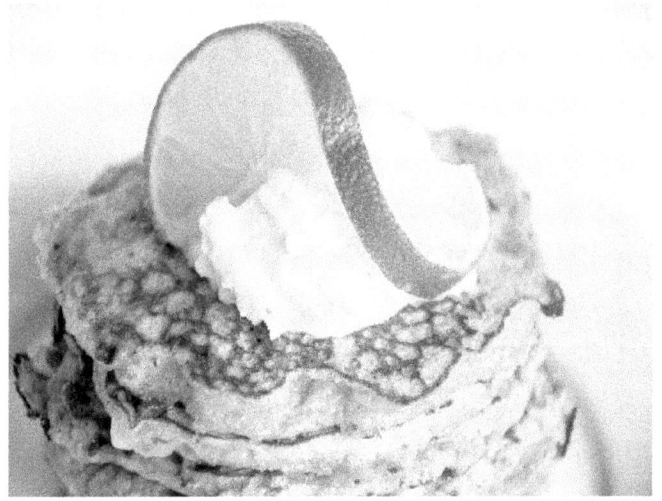

Ingredientes:

- 2 huevos
- $\frac{1}{2}$ taza de requesón
- $\frac{1}{2}$ cucharadita de extracto de vainilla
- 1 cucharada de miel
- Ralladura de 1 lima
- $\frac{1}{4}$ taza de harina de espelta
- $\frac{1}{2}$ cucharadita de polvo para hornear
- $\frac{1}{4}$ de cucharadita de bicarbonato de sodio
- 2 cucharaditas de mezcla de gelatina de lima sin azúcar

Instrucciones

a) Batir los huevos, el requesón, la vainilla, la miel y la ralladura de lima y reservar.

b) En otro recipiente, bata los ingredientes restantes hasta que estén bien combinados.

c) Añade los ingredientes húmedos a los ingredientes secos y bate hasta que estén bien combinados.

d) Rocíe generosamente una sartén o plancha antiadherente con aceite vegetal y caliéntela a fuego medio.

e) Una vez que la sartén esté caliente, agrega la masa usando una taza medidora de $\frac{1}{4}$ de taza y vierte la masa en la sartén para hacer el panqueque. Usa la taza medidora para ayudar a darle forma al panqueque.

f) Cocine hasta que los lados parezcan listos y se formen burbujas en el medio (aproximadamente de 2 a 3 minutos), luego voltee el panqueque.

g) Una vez que el panqueque esté cocido por ese lado, retírelo del fuego y colóquelo en un plato.

h) Continúe estos pasos con el resto de la masa.

82. Panqueques con especias de calabaza

Ingredientes:

- $1\frac{1}{2}$ tazas de avena tradicional en hojuelas
- $1\frac{1}{2}$ cucharadita de polvo para hornear
- $\frac{1}{2}$ cucharadita de bicarbonato de sodio
- $\frac{1}{2}$ cucharadita de canela
- $\frac{1}{2}$ cucharadita de pimienta de Jamaica molida
- $\frac{1}{2}$ cucharadita de jengibre molido
- $\frac{1}{4}$ cucharadita de sal
- $\frac{1}{2}$ taza de calabaza enlatada
- 2 cucharadas de aceite de coco, derretido
- 2 cucharadas de jarabe de arce
- 1 huevo grande
- 1 cucharadita de extracto de vainilla
- 1 taza de leche baja en grasa al 2%

Instrucciones

a) Añade todos los ingredientes a una licuadora. El aceite de coco derretido puede endurecerse al combinarse con ingredientes más fríos, por lo que puedes calentar un poco la leche para evitar que esto suceda si lo deseas.

b) Licuar todo hasta obtener un líquido homogéneo.

c) Vierta la mezcla de panqueques en un tazón grande.

d) Deje reposar la masa durante 5 a 10 minutos. Esto permite que todos los ingredientes se integren y le da a la masa una mejor consistencia.

e) Rocíe generosamente una sartén o plancha antiadherente con aceite vegetal y caliéntela a fuego medio.

f) Una vez que la sartén esté caliente, agrega la masa usando una taza medidora de $\frac{1}{4}$ de taza y vierte la masa en la sartén para hacer el panqueque. Usa la taza medidora para ayudar a darle forma al panqueque.

g) Cocine hasta que los lados parezcan listos y se formen burbujas en el medio (aproximadamente de 2 a 3 minutos), luego voltee el panqueque.

h) Una vez que el panqueque esté cocido por ese lado, retírelo del fuego y colóquelo en un plato.

i) Continúe estos pasos con el resto de la masa.

83. Panqueques de chocolate y plátano

Ingredientes:

- 1 plátano maduro y más para servir
- 2 huevos grandes
- $\frac{1}{2}$ cucharadita de polvo para hornear
- 2 cucharadas de cacao en polvo sin azúcar
- Jarabe de arce, para servir

Instrucciones

a) Añade el plátano a un bol y tritúralo hasta que quede una mezcla agradable y cremosa, sin grumos.

b) Casca los huevos en otro bol y bátelos hasta que estén bien mezclados.

c) Añade el polvo de hornear y el cacao en polvo al bol de plátano y luego vierte los huevos. Bate hasta que todo se integre por completo.

d) Rocíe generosamente una sartén o plancha antiadherente con aceite vegetal y caliéntela a fuego medio.

e) Una vez que la sartén esté caliente, agregue 2 cucharadas de masa a la sartén para hacer el panqueque.

f) Cocine hasta que los lados parezcan listos (no verá ninguna burbuja), luego voltee el panqueque con cuidado.

g) Una vez que el panqueque esté cocido por ese lado, retírelo del fuego y colóquelo en un plato.

h) Continúe estos pasos con el resto de la masa. Sirva con rodajas de plátano y jarabe de arce, si lo desea.

84. Panqueques de vainilla y almendras

Ingredientes:

- 1 taza de harina de espelta
- 2 cucharadas de mezcla para pudín de vainilla sin azúcar
- $\frac{1}{2}$ cucharadita de polvo para hornear
- $\frac{1}{2}$ cucharadita de bicarbonato de sodio
- $\frac{3}{4}$ taza de yogur griego natural
- $\frac{1}{2}$ taza + 2 cucharadas de leche baja en grasa al 2%
- 1 huevo grande
- 2 cucharadas de jarabe de arce
- $\frac{1}{4}$ taza de almendras en rodajas

Instrucciones

a) Añade la harina, la mezcla para pudín, el polvo para hornear y el bicarbonato de sodio a un tazón y bate para combinar.

b) En otro recipiente, bata el yogur, la leche, el huevo y el jarabe de arce hasta que estén bien combinados.

c) Añade los ingredientes húmedos a los ingredientes secos y bate hasta que estén bien combinados.

d) Incorpore las almendras al final.

e) Deje reposar la masa durante 2 o 3 minutos. Esto permite que todos los ingredientes se integren y le da a la masa una mejor consistencia.

f) Rocíe generosamente una sartén o plancha antiadherente con aceite vegetal y caliéntela a fuego medio.

g) Una vez que la sartén esté caliente, agrega la masa usando una taza medidora de $\frac{1}{4}$ de taza y vierte la masa en la sartén para hacer el panqueque. Usa la taza medidora para ayudar a darle forma al panqueque.

h) Cocine hasta que los lados parezcan listos y se formen burbujas en el medio (aproximadamente de 2 a 3 minutos), luego voltee el panqueque.

i) Una vez que el panqueque esté cocido por ese lado, retírelo del fuego y colóquelo en un plato.

j) Continúe estos pasos con el resto de la masa.

85. Panqueques de mono divertidos

Ingredientes:

- $1\frac{1}{2}$ tazas de harina de almendras
- 1 cucharadita de polvo para hornear
- 1 cucharadita de bicarbonato de sodio
- $\frac{1}{4}$ cucharadita de sal
- 1 plátano mediano maduro, machacado, y más para servir
- 2 huevos grandes batidos
- $\frac{1}{2}$ taza de leche de coco
- 1 cucharada de jarabe de arce
- 1 cucharadita de extracto de vainilla
- $\frac{1}{2}$ taza de nueces picadas
- $\frac{1}{2}$ taza de chispas de chocolate amargo, y más para servir

Instrucciones

a) Añade la harina, el polvo para hornear, el bicarbonato de sodio y la sal a un bol y bate hasta combinar bien.

b) En un recipiente aparte, bata el puré de plátano, los huevos, la leche de coco, el jarabe de arce y la vainilla.

c) Añade los ingredientes húmedos a los ingredientes secos y bate hasta combinarlos bien.

d) Ahora agregue las nueces y las chispas de chocolate y mezcle hasta que todo esté bien combinado.

e) Deje reposar la masa durante 5 a 10 minutos. Esto permite que todos los ingredientes se integren y le da a la masa una mejor consistencia.

f) Rocíe generosamente una sartén o plancha antiadherente con aceite vegetal y caliéntela a fuego medio-alto.

g) Una vez que la sartén esté caliente, agrega la masa usando una taza medidora de $\frac{1}{4}$ de taza y vierte la masa en la sartén para hacer el panqueque. Usa la taza medidora para ayudar a darle forma al panqueque.

h) Cocine hasta que los lados parezcan firmes y se formen burbujas en el medio, luego voltee el panqueque.

i) Una vez que el panqueque esté cocido por ese lado, retírelo del fuego y colóquelo en un plato.

j) Servir con rodajas de plátano y chips de chocolate.

86. Panqueques de vainilla

Ingredientes:

- 1½ tazas de harina de espelta
- 2 cucharadas de mezcla para pudín de vainilla sin azúcar
- 1½ cucharadita de polvo para hornear
- 1 cucharadita de bicarbonato de sodio
- ½ cucharadita de sal
- 2 huevos grandes batidos
- 2 cucharadas de aceite de coco, derretido
- 1 cucharada de extracto de vainilla
- ¼ de taza de jarabe de arce, más para servir
- 1¼ tazas de kéfir natural

Instrucciones

a) Añade la harina de espelta, la mezcla para pudín, el polvo para hornear, el bicarbonato de sodio y la sal a un bol y bate para combinar.

b) En otro recipiente, bate los huevos, el aceite de coco, la vainilla, el jarabe de arce y el kéfir hasta que estén bien combinados. El aceite de coco derretido puede endurecerse al combinarse con ingredientes más fríos, por lo que puedes calentar ligeramente el kéfir para ayudar a evitar que esto suceda si lo deseas.

c) Añade los ingredientes húmedos a los ingredientes secos y bate hasta que estén bien combinados.

d) Deje reposar la masa durante 2 o 3 minutos. Esto permite que todos los ingredientes se integren y le da a la masa una mejor consistencia.

e) Rocíe generosamente una sartén o plancha antiadherente con aceite vegetal y caliéntela a fuego medio.

f) Una vez que la sartén esté caliente, agrega la masa usando una taza medidora de $\frac{1}{4}$ de taza y vierte la masa en la sartén para hacer el panqueque. Usa la taza medidora para ayudar a darle forma al panqueque.

g) Cocine hasta que los lados parezcan listos y se formen burbujas en el medio (aproximadamente de 2 a 3 minutos), luego voltee el panqueque.

h) Una vez que el panqueque esté cocido por ese lado, retírelo del fuego y colóquelo en un plato.

87. Panqueques de mango y arándanos

Ingredientes:

- 1 taza de harina de espelta
- $\frac{1}{2}$ cucharadita de polvo para hornear
- $\frac{1}{2}$ cucharadita de bicarbonato de sodio
- $\frac{3}{4}$ taza de yogur griego natural
- $\frac{1}{4}$ de taza + 2 cucharadas de leche baja en grasa al 2%
- 1 huevo grande
- 2 cucharadas de jarabe de arce
- $\frac{1}{2}$ taza de puré de mangos
- $\frac{1}{2}$ taza de arándanos

Instrucciones

a) Añade la harina, el polvo para hornear y el bicarbonato de sodio a un bol y bate para combinar.

b) En otro recipiente, bata el yogur, la leche, el huevo, el jarabe de arce y el puré de mango hasta que se combinen.

c) Añade los ingredientes húmedos a los ingredientes secos y bate hasta que estén bien combinados.

d) Incorpore los arándanos revolviendo con cuidado.

e) Deje reposar la masa durante 2 o 3 minutos. Esto permite que todos los ingredientes se integren y le da a la masa una mejor consistencia.

f) Rocíe generosamente una sartén o plancha antiadherente con aceite vegetal y caliéntela a fuego medio.

g) Una vez que la sartén esté caliente, agrega la masa usando una taza medidora de $\frac{1}{4}$ de taza y vierte la masa en la sartén para hacer el panqueque. Usa la taza medidora para ayudar a darle forma al panqueque.

h) Cocine hasta que los lados parezcan listos y se formen burbujas en el medio (aproximadamente de 2 a 3 minutos), luego voltee el panqueque.

i) Una vez que el panqueque esté cocido por ese lado, retírelo del fuego y colóquelo en un plato.

j) Continúe estos pasos con el resto de la masa.

88. Panqueques de moca

Ingredientes:

- $1\frac{1}{2}$ tazas de harina de espelta
- $\frac{1}{4}$ taza de cacao sin azúcar
- 3 cucharaditas de café espresso instantáneo en polvo
- $1\frac{1}{2}$ cucharadita de polvo para hornear
- 1 cucharadita de bicarbonato de sodio
- $\frac{1}{2}$ cucharadita de sal
- 2 cucharadas de aceite de coco, derretido
- 1 cucharadita de extracto de vainilla
- 2 huevos grandes batidos
- $1\frac{1}{4}$ tazas de kéfir natural

Instrucciones

a) Añade la harina de espelta, el cacao, el café expreso, el polvo para hornear, el bicarbonato de sodio y la sal a un bol y bate para combinar.

b) En otro recipiente, bate el aceite de coco, la vainilla, los huevos y el kéfir hasta que estén bien combinados. El aceite de coco derretido puede endurecerse al combinarse con ingredientes más fríos, por lo que puedes calentar ligeramente el kéfir para evitar que esto suceda si lo deseas.

c) Añade los ingredientes húmedos a los ingredientes secos y bate hasta que estén bien combinados.

d) Deje reposar la masa durante 2 o 3 minutos. Esto permite que todos los ingredientes se integren y le da a la masa una mejor consistencia.

e) Rocíe generosamente una sartén o plancha antiadherente con aceite vegetal y caliéntela a fuego medio.

f) Una vez que la sartén esté caliente, agrega la masa usando una taza medidora de $\frac{1}{4}$ de taza y vierte la masa en la sartén para hacer el panqueque. Usa la taza medidora para ayudar a darle forma al panqueque.

g) Cocine hasta que los lados parezcan listos y se formen burbujas en el medio (aproximadamente de 2 a 3 minutos), luego voltee el panqueque.

h) Una vez que el panqueque esté cocido por ese lado, retírelo del fuego y colóquelo en un plato.

89. Panqueques de chai

Ingredientes:

- 1½ tazas de harina de quinua
- 1½ cucharadita de polvo para hornear
- 1 cucharadita de bicarbonato de sodio
- 1 cucharadita de canela
- ¾ cucharadita de cardamomo molido
- Pizca generosa de clavo molido
- ½ cucharadita de jengibre molido
- ½ cucharadita de pimienta de Jamaica molida
- ½ cucharadita de sal
- 2 huevos grandes batidos
- 2 cucharadas de aceite de coco, derretido
- 1¼ tazas de kéfir natural
- ¼ taza de jarabe de arce
- 1 cucharadita de extracto de vainilla

Instrucciones

a) En un tazón grande, agregue la harina, el polvo para hornear, el bicarbonato de sodio, la canela, el cardamomo, el clavo de olor, el jengibre, la pimienta de Jamaica y la sal y bata hasta combinar bien.

b) En otro bol, bate los huevos, el aceite de coco, el kéfir, el jarabe de arce y la vainilla hasta que se integren. El aceite de coco derretido puede endurecerse al combinarse con ingredientes más fríos, por lo que puedes calentar ligeramente el kéfir para evitar que esto suceda si lo deseas.

c) Añade los ingredientes húmedos a los ingredientes secos y bate hasta que estén bien combinados.

d) Deje reposar la masa durante 2 o 3 minutos. Esto permite que todos los ingredientes se integren y le da a la masa una mejor consistencia.

e) Rocíe generosamente una sartén o plancha antiadherente con aceite vegetal y caliéntela a fuego medio.

f) Una vez que la sartén esté caliente, agrega la masa usando una taza medidora de $\frac{1}{4}$ de taza y vierte la masa en la sartén para hacer el panqueque. Usa la taza medidora para ayudar a darle forma al panqueque.

g) Cocine hasta que los lados parezcan listos y se formen burbujas en el medio (aproximadamente de 2 a 3 minutos), luego voltee el panqueque.

h) Una vez que el panqueque esté cocido por ese lado, retírelo del fuego y colóquelo en un plato.

90. Panqueques de pastel de zanahoria

Ingredientes:

- $1\frac{1}{2}$ tazas de avena tradicional en hojuelas
- $1\frac{1}{2}$ cucharadita de polvo para hornear
- 1 cucharadita de bicarbonato de sodio
- $\frac{1}{2}$ cucharadita de canela
- $\frac{1}{4}$ cucharadita de sal
- Una pizca de nuez moscada
- 1 huevo grande
- 2 cucharadas de aceite de coco, derretido
- 1 cucharada de jarabe de arce
- 1 cucharadita de extracto de vainilla
- $1\frac{1}{4}$ tazas de leche baja en grasa al 2%
- $1\frac{1}{2}$ tazas de zanahorias finamente ralladas
- $\frac{1}{2}$ taza de pasas doradas picadas
- $\frac{1}{2}$ taza de nueces picadas

Instrucciones

a) Añade todos los ingredientes, excepto las zanahorias, las pasas y las nueces, a una licuadora. El aceite de coco derretido puede endurecerse al combinarse con ingredientes más fríos, por lo que puedes calentar un poco la leche para evitar que esto suceda si lo deseas.

b) Licuar todo hasta obtener un líquido homogéneo.

c) Vierta la mezcla de panqueques en un tazón grande.

d) Añade las zanahorias, las pasas y las nueces a la masa y revuelve bien.

e) Deje reposar la masa durante 5 a 10 minutos. Esto permite que todos los ingredientes se integren y le da a la masa una mejor consistencia.

f) Rocíe generosamente una sartén o plancha antiadherente con aceite vegetal y caliéntela a fuego medio.

g) Una vez que la sartén esté caliente, agrega la masa usando una taza medidora de $\frac{1}{4}$ de taza y vierte la masa en la sartén para hacer el panqueque. Usa la taza medidora para ayudar a darle forma al panqueque.

h) Cocine hasta que los lados parezcan firmes y se formen burbujas en el medio, luego voltee el panqueque.

i) Una vez que el panqueque esté cocido por ese lado, retírelo del fuego y colóquelo en un plato.

91. Panqueques de plátano y miel

Ingredientes:

- 1 plátano maduro y un poco más para servir
- 2 huevos grandes
- 1 cucharada de miel
- ½ cucharadita de polvo para hornear
- Jarabe de arce, para servir

Instrucciones

a) Añade el plátano a un bol y tritúralo hasta que quede una mezcla agradable y cremosa, sin grumos.

b) Casca los huevos en otro bol y bátelos hasta que estén bien mezclados.

c) Añade la miel y el polvo para hornear al bol de plátano y luego vierte los huevos. Bate hasta que todo se integre por completo.

d) Rocíe generosamente una sartén o plancha antiadherente con aceite vegetal y caliéntela a fuego medio.

e) Una vez que la sartén esté caliente, agregue 2 cucharadas de masa a la sartén para hacer el panqueque.

f) Cocine hasta que los lados parezcan listos (no verá ninguna burbuja), luego voltee el panqueque con cuidado.

g) Una vez que el panqueque esté cocido por ese lado, retírelo del fuego y colóquelo en un plato.

h) Continúe estos pasos con el resto de la masa.

i) Cubrir con plátanos y jarabe de arce.

92. Panqueques de plátano y arándanos

Ingredientes:

- 1 taza de harina de espelta
- $\frac{1}{2}$ cucharadita de polvo para hornear
- $\frac{1}{2}$ cucharadita de bicarbonato de sodio
- 1 plátano mediano maduro, machacado
- $\frac{3}{4}$ taza de yogur griego natural
- $\frac{1}{4}$ de taza + 2 cucharadas de leche baja en grasa al 2%
- 1 huevo grande
- 2 cucharadas de jarabe de arce
- $\frac{1}{2}$ taza de arándanos

Instrucciones

a) Añade la harina, el polvo para hornear y el bicarbonato de sodio a un bol y bate para combinar.

b) En otro recipiente, bata el puré de plátano, el yogur, la leche, el huevo y el jarabe de arce hasta que se combinen.

c) Añade los ingredientes húmedos a los ingredientes secos y bate hasta que estén bien combinados.

d) Incorpore los arándanos revolviendo con cuidado.

e) Deje reposar la masa durante 2 o 3 minutos. Esto permite que todos los ingredientes se integren y le da a la masa una mejor consistencia.

f) Rocíe generosamente una sartén o plancha antiadherente con aceite vegetal y caliéntela a fuego medio.

g) Una vez que la sartén esté caliente, agrega la masa usando una taza medidora de $\frac{1}{4}$ de taza y vierte la masa en la sartén para hacer el panqueque. Usa la taza medidora para ayudar a darle forma al panqueque.

h) Cocine hasta que los lados parezcan listos y se formen burbujas en el medio (aproximadamente de 2 a 3 minutos), luego voltee el panqueque.

i) Una vez que el panqueque esté cocido por ese lado, retírelo del fuego y colóquelo en un plato.

j) Continúe estos pasos con el resto de la masa.

93. Panqueques de manzana y canela

Ingredientes:

- $1\frac{3}{4}$ tazas de avena tradicional en hojuelas
- $1\frac{1}{2}$ cucharadita de polvo para hornear
- 1 cucharadita de bicarbonato de sodio
- $\frac{1}{4}$ cucharadita de canela
- $\frac{1}{4}$ cucharadita de sal
- 1 taza de puré de manzana
- 2 cucharadas de aceite de coco, derretido
- 1 cucharada de jarabe de arce
- 1 huevo grande
- 1 cucharadita de extracto de vainilla
- $\frac{1}{2}$ taza de leche baja en grasa al 2%

Instrucciones

a) Añade todos los ingredientes a la licuadora. El aceite de coco derretido puede endurecerse al combinarse con ingredientes más fríos, por lo que puedes calentar un poco la leche para evitar que esto suceda si lo deseas.

b) Licuar todo hasta obtener un líquido homogéneo.

c) Vierta la masa de panqueques en un tazón grande.

d) Deje reposar la masa durante 5 a 10 minutos. Esto permite que todos los ingredientes se integren y le da a la masa una mejor consistencia.

e) Rocíe generosamente una sartén o plancha antiadherente con aceite vegetal y caliéntela a fuego medio.

f) Una vez que la sartén esté caliente, agrega la masa usando una taza medidora de $\frac{1}{4}$ de taza y vierte la masa en la sartén para hacer el panqueque. Usa la taza medidora para ayudar a darle forma al panqueque.

g) Cocine hasta que los lados parezcan listos y se formen burbujas en el medio (aproximadamente de 2 a 3 minutos), luego voltee el panqueque.

h) Una vez que el panqueque esté cocido por ese lado, retírelo del fuego y colóquelo en un plato.

i) Continúe estos pasos con el resto de la masa.

94. Panqueques de tarta de queso y fresa

Ingredientes:

- 1 taza de harina de espelta
- 2 cucharadas de mezcla para pudín de vainilla sin azúcar
- $\frac{1}{2}$ cucharadita de polvo para hornear
- $\frac{1}{2}$ cucharadita de bicarbonato de sodio
- $\frac{3}{4}$ taza de yogur griego natural
- $\frac{1}{2}$ taza + 2 cucharadas de leche baja en grasa al 2%
- 1 huevo grande
- 2 cucharadas de jarabe de arce
- 1 taza de fresas en rodajas finas

Instrucciones

a) Añade la harina, la mezcla para pudín, el polvo para hornear y el bicarbonato de sodio a un tazón y bate para combinar.

b) En otro recipiente, bata el yogur, la leche, el huevo y el jarabe de arce hasta que se combinen.

c) Añade los ingredientes húmedos a los ingredientes secos y bate hasta que estén bien combinados.

d) Incorpore las fresas revolviendo con cuidado.

e) Deje reposar la masa durante 2 o 3 minutos. Esto permite que todos los ingredientes se integren y le da a la masa una mejor consistencia.

f) Rocíe generosamente una sartén o plancha antiadherente con aceite vegetal y caliéntela a fuego medio.

g) Una vez que la sartén esté caliente, agrega la masa usando una taza medidora de $\frac{1}{4}$ de taza y vierte la masa en la sartén para hacer el panqueque. Usa la taza medidora para ayudar a darle forma al panqueque.

h) Cocine hasta que los lados parezcan listos y se formen burbujas en el medio (aproximadamente de 2 a 3 minutos), luego voltee el panqueque.

i) Una vez que el panqueque esté cocido por ese lado, retírelo del fuego y colóquelo en un plato.

j) Continúe estos pasos con el resto de la masa.

95. Panqueques de arándanos

Ingredientes:

- 1¾ tazas de avena tradicional en hojuelas
- 1½ cucharadita de polvo para hornear
- 1 cucharadita de bicarbonato de sodio
- ½ cucharadita de canela
- ¼ cucharadita de sal
- 1 huevo grande
- 2 cucharadas de aceite de coco, derretido
- 1 cucharada de jarabe de arce
- 1 cucharadita de extracto de vainilla
- 1¼ tazas de leche baja en grasa al 2%
- ½ taza de arándanos

Instrucciones

a) Añade todos los ingredientes, excepto los arándanos, a la licuadora. El aceite de coco derretido puede endurecerse al combinarse con ingredientes más fríos, por lo que puedes calentar un poco la leche para evitar que esto suceda si lo deseas.

b) Licuar todo hasta obtener un líquido homogéneo.

c) Vierta la mezcla de panqueques en un tazón grande.

d) Incorpore los arándanos revolviendo con cuidado.

e) Deje reposar la masa durante 5 a 10 minutos. Esto permite que todos los ingredientes se integren y le da a la masa una mejor consistencia.

f) Rocíe generosamente una sartén o plancha antiadherente con aceite vegetal y caliéntela a fuego medio.

g) Una vez que la sartén esté caliente, agrega la masa usando una taza medidora de $\frac{1}{4}$ de taza y vierte la masa en la sartén para hacer el panqueque. Usa la taza medidora para ayudar a darle forma al panqueque.

h) Cocine hasta que los lados parezcan listos y se formen burbujas en el medio (aproximadamente de 2 a 3 minutos), luego voltee el panqueque.

i) Una vez que el panqueque esté cocido por ese lado, retírelo del fuego y colóquelo en un plato.

j) Continúe estos pasos con el resto de la masa.

96. Panqueques de fresa y plátano

Ingredientes:

- 1 taza de harina de espelta
- $\frac{1}{2}$ cucharadita de polvo para hornear
- $\frac{1}{2}$ cucharadita de bicarbonato de sodio
- $\frac{3}{4}$ taza de yogur griego natural
- 1 plátano mediano maduro, machacado
- $\frac{1}{2}$ taza + 2 cucharadas de leche baja en grasa al 2%
- 1 huevo grande
- 2 cucharadas de jarabe de arce
- $\frac{3}{4}$ taza de fresas en rodajas

Instrucciones

a) Añade la harina, el polvo para hornear y el bicarbonato de sodio a un bol y bate para combinar.

b) En otro recipiente, bata el yogur, el plátano machacado, la leche, el huevo y el jarabe de arce hasta que se combinen.

c) Añade los ingredientes húmedos a los ingredientes secos y bate hasta que estén bien combinados.

d) Incorpore las fresas revolviendo con cuidado.

e) Deje reposar la masa durante 2 o 3 minutos. Esto permite que todos los ingredientes se integren y le da a la masa una mejor consistencia.

f) Rocíe generosamente una sartén o plancha antiadherente con aceite vegetal y caliéntela a fuego medio.

g) Una vez que la sartén esté caliente, agrega la masa usando una taza medidora de $\frac{1}{4}$ de taza y vierte la masa en la sartén para hacer el panqueque. Usa la taza medidora para ayudar a darle forma al panqueque.

h) Cocine hasta que los lados parezcan listos y se formen burbujas en el medio (aproximadamente de 2 a 3 minutos), luego voltee el panqueque.

i) Una vez que el panqueque esté cocido por ese lado, retírelo del fuego y colóquelo en un plato.

j) Continúe estos pasos con el resto de la masa.

97. Panqueques de melocotón y crema

Ingredientes:

- $1\frac{3}{4}$ tazas de avena tradicional en hojuelas
- 2 cucharadas de mezcla para pudín de vainilla sin azúcar
- $1\frac{1}{2}$ cucharadita de polvo para hornear
- 1 cucharadita de bicarbonato de sodio
- $\frac{1}{2}$ cucharadita de canela
- $\frac{1}{4}$ cucharadita de sal
- 1 cucharada de mantequilla derretida
- 1 huevo grande
- $\frac{1}{4}$ taza de leche baja en grasa al 2%
- 1 cucharadita de extracto de vainilla
- 2 tazas de duraznos pelados y cortados en rodajas (si usa duraznos congelados, descongélelos primero)

Instrucciones

a) Añade todos los ingredientes a una licuadora.

b) Licuar todo hasta obtener un líquido homogéneo.

c) Vierta la masa de panqueques en un tazón grande.

d) Deje reposar la masa durante 5 a 10 minutos. Esto permite que todos los

ingredientes se integren y le da a la masa una mejor consistencia.

e) Rocíe generosamente una sartén o plancha antiadherente con aceite vegetal y caliéntela a fuego medio-bajo.

f) Una vez que la sartén esté caliente, agrega la masa usando una taza medidora de $\frac{1}{4}$ de taza y vierte la masa en la sartén para hacer el panqueque. Usa la taza medidora para ayudar a darle forma al panqueque.

g) Cocine hasta que los lados parezcan listos y se formen burbujas en el medio (aproximadamente de 2 a 3 minutos), luego voltee el panqueque.

h) Una vez que el panqueque esté cocido por ese lado, retírelo del fuego y colóquelo en un plato.

i) Continúe estos pasos con el resto de la masa.

98. Panqueques de pan de plátano

Ingredientes:

- 1 taza de harina de espelta
- $\frac{1}{2}$ cucharadita de polvo para hornear
- $\frac{1}{2}$ cucharadita de bicarbonato de sodio
- $\frac{3}{4}$ taza de yogur griego natural
- 1 plátano mediano maduro, machacado
- $\frac{1}{2}$ taza + 2 cucharadas de leche baja en grasa al 2%
- 1 huevo grande
- 2 cucharadas de jarabe de arce

Instrucciones

a) Añade la harina, el polvo para hornear y el bicarbonato de sodio a un bol y bate para combinar.

b) En otro recipiente, bata el yogur, el plátano machacado, la leche, el huevo y el jarabe de arce hasta que se combinen.

c) Añade los ingredientes húmedos a los ingredientes secos y bate hasta que se combinen.

d) Deje reposar la masa durante 2 o 3 minutos. Esto permite que todos los ingredientes se integren y le da a la masa una mejor consistencia.

e) Rocíe generosamente una sartén o plancha antiadherente con aceite vegetal y caliéntela a fuego medio.

f) Una vez que la sartén esté caliente, agrega la masa usando una taza medidora de $\frac{1}{4}$ de taza y vierte la masa en la sartén para hacer el panqueque. Usa la taza medidora para ayudar a darle forma al panqueque.

g) Cocine hasta que los lados parezcan listos y se formen burbujas en el medio (aproximadamente de 2 a 3 minutos), luego voltee el panqueque.

h) Una vez que el panqueque esté cocido por ese lado, retírelo del fuego y colóquelo en un plato.

i) Continúe estos pasos con el resto de la masa.

99. Panqueques tropicales

Ingredientes:

- 1¾ tazas de avena tradicional en hojuelas
- 1½ cucharadita de polvo para hornear
- 1 cucharadita de bicarbonato de sodio
- ½ cucharadita de canela
- ¼ cucharadita de sal
- 1 plátano mediano maduro, machacado
- 2 cucharadas de aceite de coco, derretido
- 1 cucharada de jarabe de arce
- 1 huevo grande
- 1 cucharadita de extracto de vainilla
- ¾ taza de leche baja en grasa al 2%
- ½ taza de leche de coco entera enlatada
- ½ taza de piña finamente picada (si usa piña congelada, asegúrese de que esté descongelada)
- ½ taza de mango finamente cortado en cubitos (si usa congelado, asegúrese de que esté descongelado)

Instrucciones

a) Añade todos los ingredientes, excepto la piña y el mango, a una licuadora. El aceite de coco derretido puede endurecerse al combinarse con ingredientes más fríos, por lo que puedes calentar un poco la leche para evitar que esto suceda si lo deseas.

b) Licúa la mezcla hasta obtener un líquido suave.

c) Vierta la masa de panqueques en un tazón grande.

d) Incorpore la piña y el mango.

e) Deje reposar la masa durante 5 a 10 minutos. Esto permite que todos los ingredientes se integren y le da a la masa una mejor consistencia.

f) Rocíe generosamente una sartén o plancha antiadherente con aceite vegetal y caliéntela a fuego medio-bajo.

g) Una vez que la sartén esté caliente, agrega la masa usando una taza medidora de $\frac{1}{4}$ de taza y vierte la masa en la sartén para hacer el panqueque. Usa la taza medidora para ayudar a darle forma al panqueque.

h) Cocine hasta que los lados parezcan listos y se formen burbujas en el medio (aproximadamente de 2 a 3 minutos), luego voltee el panqueque.

i) Una vez que el panqueque esté cocido por ese lado, retírelo del fuego y colóquelo en un plato.

100. Panqueques perfectos

Rendimiento: 4-6 porciones

Ingredientes:

- 1 $\frac{1}{2}$ tazas de harina para todo uso

- 3 $\frac{1}{2}$ cucharaditas de polvo para hornear

- $\frac{1}{2}$ cucharadita de sal

- 1 cucharada de azúcar

- 1 $\frac{1}{4}$ tazas de leche

- 1 huevo

- 3 cucharadas de mantequilla derretida (opcional)

Instrucciones

a) En un tazón grande, tamice juntos la harina, el polvo para hornear, la sal y el azúcar.

b) Hacer un hueco en el centro y verter la leche, el huevo y la mantequilla derretida; mezclar con un tenedor o batidor hasta que quede suave.

c) Calienta una plancha o sartén grande a fuego medio alto (yo configuré mi plancha a 375 °F).

d) Vierta o saque $\frac{1}{4}$ de taza de masa para cada panqueque. Espere hasta que se formen burbujas para darles la vuelta.

e) Dorar por el otro lado y servir con mantequilla y sirope de arándanos.

CONCLUSIÓN

Algunas de las recetas de este libro rinden para cuatro porciones de panqueques. Si no va a alimentar a tanta gente, no se preocupe: puede congelar los panqueques para más adelante. Simplemente haga los panqueques como lo haría normalmente. Déjelos enfriar por completo y luego colóquelos en capas entre pedazos de papel encerado. Deslice los panqueques dentro de una bolsa con cierre hermético y colóquelos en el congelador. Para recalentarlos, puede hacer un par de cosas. Puede dejar que se descongelen y luego calentarlos en una sartén o puede colocar los panqueques congelados en el microondas durante un minuto. Solo recuerde quitar el papel encerado independientemente del método que use. Si hay una cobertura que va con la receta de panqueques que está congelando, puede preparar la cobertura y refrigerarla hasta por una semana. De lo contrario, deberá hacer la cobertura fresca cuando esté recalentando los panqueques.

Milton Keynes UK
Ingram Content Group UK Ltd.
UKHW031321181124
451360UK00016B/1649